NOTES DE VOYAGE

———

DEUX MOIS EN ITALIE

———

.... soturnia tellus,
Magno virum : tibi res antiquæ laudis et artis
Ingredior.

VIRGILE, *Georg.*, (I, 173.

———

NE SE VEND PAS

———

NIMES
TYPOGRAPHIE CLAVEL-BALLIVET ET Cᵉ
12, rue Pradier, 12
—
1872

A Madame Julie Siegfried.

J'ai voulu, ma chère sœur, comme une preuve de la constante affection qui nous unit depuis les jours de notre enfance, inscrire ton nom sur cette première page. C'est en Italie que furent composées ces lettres; écrites au jour le jour, elles ne traduisent que l'impression du moment, et c'est ce dont il sera nécessaire de se souvenir en les parcourant. En les envoyant au *Courrier du Gard*, où elles ont paru, je voulais utiliser les loisirs d'un charmant voyage et, dans le même temps, servir, d'une manière modeste il est vrai, mais enfin servir les intérêts de la France, en essayant de faire connaître aux lecteurs de ce journal l'exacte vérité sur les hommes et les choses de l'Italie. A notre époque, le devoir de chacun est d'employer ses forces, dans la mesure où elles lui sont départies, au succès du droit et de la liberté. Les efforts individuels précèdent les résultats généraux en les provoquant; cette pensée qui est un encouragement est aussi une excuse pour ceux qui croient pouvoir dire ce qu'ils pensent sur de graves sujets. C'est sous cette impression que ces pages ont été écrites à Rome comme à Naples, sur les bords du Lido comme dans la solitude de Capri.

On se plaisait autrefois à croire que la valeur d'une œuvre s'augmentait de l'autorité de la personne qui en acceptait l'hommage ; telle n'est pas ma pensée, en te dédiant ces quelques pages. J'aime plutôt à croire que ceux qui les parcourront auront cette même indulgence que ton amitié me promet d'avance ; aussi, est-ce pour moi un précieux avantage que de mettre sous ta protection amicale ce premier essai d'une plume inexpérimentée.

Franck PUAUX.

———————

I

Art et politique. — De l'utilité d'un voyage en Italie.
— De Nimes à Rome par Cannes et la Corniche. —
Monaco. — L'arrivée de M. Fournier à Rome.

Rome, 22 mars 1872.

Vous ne vous étonnerez pas de voir réu-
nies dans ces lettres que vous me permettez
de vous adresser, des impressions de diverses sortes. On ne peut vivre en Italie sans
se sentir attiré vers l'art comme vers la politique, car les Italiens sont les fils de Ma-
chiavel et les plus sincères admirateurs de
Raphaël. Il y a certaines traditions que les
peuples tiennent à honneur de conserver, et
vous n'avez point oublié, tant le souvenir en
est encore vivart au milieu même de votre
ville, que les Romains aimèrent le Beau,
et demandèrent à la Grèce ses meilleurs artistes, comme il faut se rappeler cette grande
école de politique dont Tite-Live et Tacite
sont restés les historiens incomparables.
Les traditions ont une puissance difficile à
vaincre, et comment ne point se rappeler
cette pensée de Tacite à propos même de

nos ancêtres, « *nec totam servitutem, nec totam libertatem pati possunt.* » Les Gaulois sont incapables de supporter ou l'entière liberté, ou la complète servitude ; toute notre histoire est là, dans cette réflexion de l'historien romain, et nous n'avons pas encore su après dix-huit siècles la démentir. Il faut une connaissance sérieuse de l'histoire d'un peuple, pour porter un jugement de quelque valeur sur ses aptitudes politiques, et la réserve se commande d'elle-même. Pour les choses qui tiennent aux arts, il est plus aisé de parler ; car l'individualisme peut s'y donner libre carrière, et les jugements peuvent sans danger devenir très-personnels.

Dans les temps actuels, l'Italie est un des pays les plus dignes d'être visités, surtout par nous Français, en raison même de certaines affinités de caractère, de tempérament, de race, à cause des situations politiques, qui peuvent offrir des ressemblances valant la peine d'être étudiées.

Il ne faudra pas se lasser de répéter que nous avons grand tort de ne vivre que pour nous-mêmes et surtout par nous-mêmes, de borner à un horizon trop étroit nos idées sur les hommes et les choses de l'étranger. Nous nous plaçons volontairement en quelque sorte dans un état d'infériorité qui ne peut que devenir funeste.

Ce ne sont pas seulement les anglais riches qui quittent leur patrie, mais fort bien les anglais dont la position est modeste. J'ai lu dernièrement encore, dans le livre de M. Taine sur l'Angleterre, qu'il avait rencontré toute une famille de petits commerçants qui partait pour l'Italie, en 3e classe il est vrai, mais enfin qui partait. A Rome, vous rencontreriez des allemands dont la position est assurément plus que modeste, mais qui tiennent à se rendre compte de l'Italie, apprennent la langue du pays, et qui, retournés dans leur patrie, pourront faire partager à leur entourage leurs idées sur ce beau pays. Sommes-nous donc incapables d'en faire autant? Croyez que si beaucoup de français eussent été en Italie, la question du pouvoir temporel prendrait un tout autre caractère dans les affaires politiques de notre patrie.

Mais il y a des habitudes prises, et si on se décide à voyager, c'est toujours la même ville qui attire, c'est Paris où il faut aller, où il faut retourner. Cependant c'est si peu difficile d'aller en Italie. J'ai là, sous mes yeux, mon journal de voyage, et vous me permettrez d'en détacher quelques notes qui serviront comme d'introduction à ces lettres italiennes.

De toutes les routes qui conduisent en Italie, la plus belle est celle connue sous le nom de « la route de la Corniche, qui longe le littoral de la Méditerranée, de Nice à Savone. C'est une grandiose introduction à ce beau voyage. Je ne vous parlerai ni de Marseille, ni de Toulon, dignes d'être visités, laissant de côté Saint-Raphaël, je conseillerais un arrêt de quelques heures à Cannes. La nature est déjà splendide, et on se sent

en quelque sorte meilleur devant ce beau
spectacle. Voir à ses pieds la grande mer,
laisser son regard se reposer sur ces élégan-
tes collines de l'Esterelle qui, doucement,
s'affaissent au sein des eaux, comme sur ces
îles Marguerittes, grandes taches vertes au
sein des eaux, regarder la vieille ville avec
l'antique tour, détailler ces charmantes villas,
n'est-ce pas là comme une occupation faite
pour les gens de bien ?

A partir de Cannes, la route devient de
plus en plus belle ; on passe lentement sur
le nouveau pont de la Brague, l'ancien s'est
écroulé, il y a quelques semaines à peine, à
la suite de violents orages.

Entre deux trains s'arrêter à Monaco,
dont la situation est unique au monde. Il y
a quelque chose de hardi, de violent, de superbe dans cette position, et il semble que
là doivent vivre quelques preux fiers et
vaillants. Mais ici la nature est plus grande
que l'homme et dans ce grandiose théâtre
qu'elle lui offre, à peine s'il est de taille à
accepter les derniers rôles. Car c'est une
bien bonne petite ville que celle qui porte le
nom de Monaco; les rues en sont étroites à
l'excès et les maisons vraiment mignonnes,
mais le piédestal est grandiose. C'est un rocher dont les arêtes sont couvertes de gi-
gantesques cactus, sur le sommet duquel
les palmiers s'élèvent, avec leurs longues
feuilles s'inclinant au souffle des vents, tandis que la mer déferle sur les rochers avec
ses éternels soupirs. Il y a sans aucun doute
une grande poésie à Monaco, mais non pas à

Monte-Carlo où se trouve le fameux Casino
des jeux. Et cependant le Casino est au sein
même de cette admirable nature, sa terrasse
domine la mer et ses jardins descendent au
rivage; mais alors qu'une telle vue devrait
sans cesse captiver les regards, il suffit de
la voix monotone d'un croupier pour les dé-
tourner.

On va voir jouer ; c'est étrange de trouver
en plein jour, circonstance aggravante, des
gens qui s'essaient à gagner de l'argent sans
travailler. Ils ne m'ont inspiré ni mépris,
ni pitié, je les ai regardés notant soigneuse-
ment le passage de la noire ou de la rouge,
pointant et repointant, et ayant l'air fort à
leur jeu. Vous souvenez-vous de certains
vers d'Alfred de Musset où à propos des pay-
sans de la Forêt-Noire, il s'écrie qu'il les a
vus :

.....muets d'horreur devant la destinée,
Suivre des yeux leur pain qui courait devant eux.

Ici rien de semblable , il n'y a que les
étrangers qui puissent perdre ou gagner, et
ils le font avec une sage tranquillité; rien ne
m'a rappelé cette grande toile de Doré qui
dramatise la salle de jeu. Loin de là.

La seule impression qui me soit restée,
c'est que l'homme a trouvé moyen de dés-
honorer cette merveilleuse nature en l'insultant par un tripot splendide.

Et maintenant nous ne nous arrêterons
plus qu'à Gênes. Voici Menton, puis Venti-
miglia, puis San-Remo avec ses bois de

palmiers. Que cet arbre est étrange dans
notre Europe ! on s'attend presqu'à voir sortir de dessous son ombre quelque noir africain. Mais je préfère les grandes plantations
d'orangers. L'oranger a quelque chose de
joyeux et d'opulent. Il étincelle au soleil avec
ses fruits de bel or rouge; c'est un arbre de
race. Plus modeste, le citronier avec ses couleurs plus douces, avec ses fruits plus pâles,
n'attire pas autant le regard, et n'éclaire
pas autant le paysage. Le train nous emporte rapidement, la plaine s'élargit, nous
dépassons Savone, nous sommes à Gênes la
superbe.

Dans une prochaine lettre, je reprendrai
ces souvenirs de voyage, mais je les laisse
pour vous dire que M Fournier va enfin
arriver à Rome. Les Italiens sont disposés à
lui faire le plus sympathique accueil, et la
nouvelle que les instructions du nouveau ministre lui prescrivait de déclarer formelle-
ment que la volonté du cabinet de Versailles
et de la majorité de l'assemblée était de
continuer avec la puissance amie et voisine
les rapports traditionnels d'amitié ayant pour
point de départ une récente fraternité militaire, a produit ici un excellent effet. Du reste, il n'était que temps de donner cette satisfaction à l'Italie, satisfaction qu'on lui avait
fait attendre pendant de longs mois.

M. le duc d'Harcourt a été reçu hier en
audience par le pape; on parle beaucoup de
son départ, on le regretterait peu par ici, car
l'ambassade de France passe pour être le
rendez-vous de tous les ultramontains, et

c'est à l'abri de notre drapeau qu'ils provoquent et entretiennent de misérables agitations. Heureusement tout cela sera en pure perte. Les légitimistes pourront provoquer interpellations sur interpellations, il y a une fin de non recevoir en perspective.

Le journal l'*Italie* publie un excellent article sur l'arrivée de M. Fournier à Rome, où il félicite le gouvernement de Versailles, et déclare que c'est une agréable surprise que celle de le voir changer d'avis à l'égard de la reconstitution de l'unité italienne. Nous savons en effet, en France, et on ne l'ignore pas ici, que M. Thiers a manifesté souvent et de la manière la plus explicite son regret d'avoir vu se fonder l'unité italienne. Mais les intimes du Vatican doivent être en désarroi, car ils comptaient exploiter à leur profit, cette vieille inimitié du président de la République pour l'Italie, et on ne fait ici aucun mystère dans le parti papalin, jusqu'à aujourd'hui du moins, des espérances d'un relèvement du pouvoir temporel par les armes françaises. Mais l'arrivée de M. Fournier, ses instructions fort précises, très favorables à l'Italie gâtent bien des choses. Vous devez savoir que les prophéties sont dans l'apanage des journaux cléricaux, tout autant que les interprétations mystiques des ouragans, des guerres, et cela toujours pour la confusion des infidèles.

L'*Unita cattolica*, qui est l'*Univers* de ce beau pays, lançait sur l'Italie cette terrible prophétie, il y a un an, à propos de la loi sur les garanties accordées au Saint-Siége.

« Le 22 mars 1872, vous nous rendrez compte de cette loi ; rappelez-vous, messieurs les ministres des 21, 22 et 23 mars 1849, ce mois est un sujet de graves méditations pour tous. »

L'*Unità* faisait charitablement allusion à la catastrophe de Novare, et à l'abdication de Charles-Albert et rééditait ainsi à son profit, le vieux dire d'autrefois, « prendre garde aux Ides de Mars », mais c'est contre son parti que la prophétie devait être faite : le 22 mars, M. Fournier, ministre de France, arrive à Rome.

II

Du pouvoir temporel. — Le prisonnier du Vatican. — Ses discours. — Gênes. — Le théâtre italien. — Plaisance. — Parme. — Le Corrège.

Rome, 25 mars.

Il paraît que l'arrivée de M. Fournier, est un fait d'une portée assez considérable, pour exaspérer M. Veuillot. « Nous avons besoin de crier à Dieu et aux hommes, dit-il, que cet ambassadeur n'est pas le nôtre ; » on sourit ici en lisant les paroles découragées du célèbre défenseur du pouvoir temporel, et on ne s'en émeut guère. L'unité italienne est faite et mal avisée sera la politique qui tentera de la rompre. Il faut envisager cette grave question à un point de vue nouveau, et ne point chercher des similitudes et des ressemblances dans le passé.

Certes, la papauté a eu dans son histoire des époques tourmentées ; rappelons-nous Avignon, Savone, Gaëte; mais ce serait faire une erreur considérable que de vouloir comparer la situation présente à ce passé lointain, et conclure de là à des analogies favorables et pressentir le relèvement d'un pouvoir condamné. Si on ne prenait pour point de départ que les dires de certains journaux légers, il faudrait croire à un renouvellement de l'ère des martyrs, et comme je le lisais dans une feuille appelée, je crois bien, la *Gazette de Paris*, l'Eglise serait sur le point de retourner aux Catacombes, il restera ce fait assez singulier, soit dit en passant, que la légitimité comme l'ultramontanisme, si rigoureux sur les principes, n'ont point dédaigné l'appui de journaux qui ne sont pas précisément la gloire de la presse de notre pays.

Il ne faut rien affirmer d'une manière absolue dans le domaine de la politique ; des paroles qui ont ravi d'admiration par un certain ton d'autorité, ont été cruellement démenties; le souvenir en est présent à l'esprit de tous; mais voici du moins ce qu'il est permis de présumer dans la question du pouvoir temporel. Ce qui a facilité son rétablissement après les affaires de 1849, c'était l'état de trouble où se trouvait l'Italie, et la présence d'une foule de petites souverainetés. La papauté avait bon droit alors de réclamer son patrimoine qui ne pouvait appartenir à aucun de ces Etats. Aujourd'hui, la situation est autre. La papauté se trouve en présence d'une nation compacte, fière de son unité, jalouse de son indépendance, et qui ne veut à aucun prix être dépossédée d'une capitale qui lui revient par tous les droits de son histoire.

Les divisions de l'ancienne Italie pouvaient faciliter le temporel de l'église ; l'union du nouveau royaume ne permet plus de le tolérer. C'est une idée accréditée très-fermement chez de bons esprits que le temporel est indispensable à une libre action du pouvoir spirituel du pape, il ne s'agit pas de les persuader du contraire. Le temps prouvera facilement que cette indépendance peut exister dans les conditions actuelles. Mais qu'on ne parle pas de tortures, de souffrances, de persécutions ; pourquoi, comme l'archevêque de Paris, prendre ce ton lamentable ? Pourquoi vouloir propager des idées fausses qui peuvent troubler les âmes ? Croyez que le Saint-Père est le plus volontaire des prisonniers, que si demain il voulait parcourir Rome, il serait reçu avec acclamations, mais il prétend rester dans son isolément et nul ne peut le déterminer à changer de manière de faire. Je serais fort tenté de croire que le Jésu l'encourage dans cette voie. On vend ici, au Corso et ailleurs, une photographie, représentant Victor-Emmanuel et le Pape, se donnant amicalement le bras ; les uns sont indignés, les autres sourient, et cependant, c'est peut être ce qui arrivera, non pas avec le roi et le Pape actuels, mais avec ceux qui les remplaceront. Car si la papauté n'est possible qu'à Rome, il est aussi vrai

de dire que la capitale de l'Italie ne peut-
être que la Ville éternelle.

C'est une opinion assez généralement reçue que les causes bénéficient des souffrances de ceux qui les défendent ; le parti ultramontain s'en souvient, et voudrait cou-
ronner la tiare pontificale de l'auréole du
martyre. On pourra en faire accroire à bien
des gens sur ce chapitre, mais je vous donne
les Romains pour des incrédules sur ce
point. Il y a des journalistes français, je
crois, pour lesquels le roi Victor-Emmanuel
est un nouvel Hérode ; cela peut se dire au
café de Suède, mais ici on trouve ces messieurs fort ignorants, pour ne pas dire plus.
J'ai sous les yeux l'*Osservatore Romano* qui
chaque jour insère en tête de ces colonnes la
prière suivante :

Oremus pro pontifice notro Pio,
Dominus conservet eum.....
Et non tradat eum
In anim um inimicorum ejus

Après cette invocation, vient le récit d'une
visite faite au Saint-Père par une nombreuse
députation de la paroisse de San-Giovani-
de-Fioreotino. Le Pape a fait un de ces dis
cours qu'il aime à prononcer familièrement,
et vous pourrez juger de la tyrannie du ro
et du gouvernement, qui autorisent et la
députation et le discours, par les quelques
extraits suivants.

Après avoir parlé du pouvoir actuel et di
que le plébiscite n'a aucune valeur, le

Saint-Père ajoute : « Quant à la Chambre, elle n'est pas même maîtresse d'elle-même, mais sous la dépendance des mille démons qui l'ont élue « *ma è dipendente da mille demoni che l'hanno scelta* », tous sont coupables de péché. L'ange de Dieu les poursuit, et, avec son épée sanglante, les menace. Les jours viennent où cet ange exterminateur « *ques l'angelo sterminatore* » fera connaître la justice de Dieu et les effets de sa miséricorde. Pour retourner à un état meilleur, il serait nécessaire que la Religion, le Clergé, l'Eglise prissent de nouveau la direction de la société » (*Osservatore Romano*, martedi 19, marzo 1872).

Vous avouerez que voilà un prisonnier qui prend de grandes libertés, mais ici le gouvernement est d'une sagesse désespérante ; impossible de l'irriter, impossible de l'amener à un acte de rigueur. Il faut reconnaître qu'il est pénible d'être dépossédé d'un pouvoir, et il ne faut point s'étonner des récriminations des partis vaincus. L'ex-roi de Sicile est fort mécontent, mais enfin la question est pour lui la même que pour le Saint-Père, comme pour tous ceux qui ont été dépossédés, non pas au profit de la maison de Savoie, mais au profit de l'Italie.

Laissons ces questions, qui rappellent les fameuses luttes du Sacerdoce et de l'Empire, pour songer à Gênes dont je vous parlais dans ma précédente lettre. C'est un bon point de départ pour une excursion dans l'Italie. Les compagnies de chemins de fer facilitent beaucoup ces voyages par la faculté qu'elles donnent de prendre des billets circulaires valables pendant trente, quarante et cinquante jours, avec un rabais de 45 0|0. Pour 121 francs, on peut en seconde classe, aller de Gènes à Naples par Bologne , Pise, Livourne et Rome et revenir par Florence, Venise, Milan et Turin. Ce détail vous confirmera ce que je vous disais, qu'un voyage en Italie était moins onéreux qu'on pouvait le croire.

Gènes est une ville grande de tous les souvenirs de son passé ; c'était Mme de Stael qui, passant dans la via Balbi, disait avoir traversé une rue d'empereurs. Il est impossible de dire le nombre des palais de Gènes, mais on rencontrerait difficilement une architecture plus sérieusement grande, plus aristocratique. Certainement ce n'est pas le palais d'un roi, mais c'est la demeure splendide d'un citoyen d'une république opulente ; mais ils sont placés çà et là, sans aucune perspective, jusque dans des ruelles obscures. J'ai cherché à en savoir la raison, et je me suis laissé dire que les invasions des pirates barbaresques, n'avaient pas été étrangères à ce mode de construction.

Les habitants tenaient à être près les uns des autres, afin de pouvoir se défendre en cas d'attaque. Gènes est une ville intéressante en ce sens que, sans donner une idée très-vraie de l'Italie, elle fait pressentir ce qui doit être la patrie du Dante. C'est une belle préface d'un très-beau livre. Il y a une animation, une vie sur le port, qui rappellent la Joliette de Marseille ; les marins ont ce

bonnet rouge à bord noir que les compositions de Léopold Robert ont rendu si populaire. Le type est beau mais un peu dur.
Il faut voir en fait d'édifices, l'église de l'Annunziata d'une grande richesse, mais d'un
goût douteux, et aller contempler la très-
belle vue que l'on a depuis l'Aqua Sole. On
fera bien de voir le théâtre Carlo Felice, un
des plus beaux de l'Italie, et qui présente
un confortable inconnu dans nos théâtres
français. Les fauteuils d'orchestre sont de
vrais fauteuils, où on est à merveille pour
écouter la musique des maîtres italiens, ces
fidèles serviteurs de la mélodie. C'est peut-
être au théâtre que j'ai pu trouver une preuve de plus du discrédit dans lequel est tombé
le clergé en Italie. Le *Tartuffe* en France a
été vu de fort mauvais œil, et on se souvient
encore que la représentation du chef-d'œuvre de notre Molière a pu provoquer du
trouble dans certaines villes, mais que diriez-
vous d'un ballet, ou se présentent une demi-
douzaine de jeunes abbés, dansant, sautant,
minaudant, et en somme se conduisant
comme de fort mauvais petits sujets? Même,
dans une pantomime de cirque, j'ai vu le Ba-
sile si connu, amoureux, roué de coups, et
faisant le saut périlleux à la grande satisfaction du public. Cela est triste, et il est pénible de voir ses adversaires tournés en ridicule; mais il faut reconnaître là-aussi un si-
gne des temps, et ne point s'étonner de la
violence du conflit entre l'Eglise et la société
moderne. L'ultramontanisme perd chaque
jour du terrain en Italie et se réfugie dans

notre patrie; c'est ce que vous entendrez dire
de tous côtés, et vous savez assez si cela est
vrai.

En quittant Gênes, on se dirige vers
Alexandrie en traversant de riches plaines,
où la culture semble être sagement entendue,
et c'est à travers un pays où le paysage reste
presque toujours le même, que la voie ferrée
arrive à Plaisance, ville morte, trois fois plus
grande qu'il n'est nécessaire, où ceux qui
voudront s'arrêter, feront bien de ne consacrer que le temps absolument nécessaire.
La cathédrale mérite cependant d'être visitée; elle contient quelques beaux tableaux de
Carle Dolci et de l'école de Bologne.

C'est sans regret que l'on quitte Plaisance
pour arriver à Parme, l'ancienne capitale de
ce duché dont Marie-Louise fut la souveraine,
mais surtout avant tout la patrie du Corrége.
Il est fort difficile en France de se faire une
juste idée des grands maîtres étrangers ; le
Louvre, malgré ses richesses, ne donne
qu'une idée superficielle de leur puissance,
et pour les connaître, il faut visiter les villes qui furent les théâtres de leur gloire.
Rubens n'est vraiment grand qu'à Anvers, et
Rembrandt à Amsterdam, de même Corregio
à Parme. C'est là qu'est son épopée murale,
la fresque du dôme de la cathédrale et son
Saint-Jérôme, que les Italiens ont appelé,
avec une poésie si vraie, *Il giorno*, le jour.
C'est un grand peintre que ce noble artiste;
le génie est son seul guide, car, ne marchant
pas sur des traces anciennes avec fierté, il se
fraye un sentier vers des hauteurs où bien

peu ont tenté de le suivre. Qu'on regarde
les copies de ces tableaux, faites par des artistes de valeur, comme les Carrache, et on
comprendra la distance qui sépare le génie
du talent. Le Corrége est le Rubens du Midi;
seul, il possède cette chaleur dans les tons
qui se dégradent comme d'eux-mêmes ; la
lumière se maintient jusque dans les ombres.
Il n'y a que le maître de Parme pour oser
jeter ces vêtements d'un jaune d'or qui illuminent tout un tableau, sans que la composition elle-même souffre d'une telle richesse
de lumières. C'est ainsi qu'on s'arrête devant
ce tableau dont je parlais naguère, pour admirer une sainte Madeleine qui, prosternée
aux pieds de la Vierge Marie, laisse l'enfant
Jésus la bénir. C'est bien la pécheresse, dans
tout l'éclat de ses coupables ornements, mais
l'amour divin l'a régénérée, et le peintre a
su rendre vivante cette mystérieuse parole :
« Il lui sera beaucoup pardonné parce qu'elle
a beaucoup aimé. »

Je ne dis pas encore adieu à Parme, te-
nant à être un bon guide, mais cette lettre
est déjà longue. Quelques nouvelles pour
finir.

M. Fournier est à l'Albergo di Roma, et
sa première parole en descendant du train a
été pour s'excuser de s'être si longtemps fait
attendre. La *Capitale*, journal du soir, donne même le texte de ses paroles : « C'est
une honte..., mais ce n'est pas ma faute. »
E una vergogna... ma... non e mea culpà.
M. Veuillot et la *Gazette de France* peuvent
gémir, car on est disposé à faire le plus sym-

pathique accueil à notre ambassadeur. La *Libertà* publie un premier Rome entièrement consacré à *Il signor Fournier* où il déclare que jamais ministre ne s'est trouvé dans de meilleures conditions pour gagner l'estime et l'affection de tous. Notre ministre présentera aujourd'hui au roi les lettres qui l'accréditent comme ministre de la République française près le gouvernement italien.

III

De la situation religieuse actuelle. — Le Père Hyacinthe et la Réforme catholique. — Le prince de Bismark et les ultramontains en Allemagne. — Les Prussiens en Italie.

Il a paru dans le journal le *Temps*, ces derniers jours, une lettre fort remarquable, où j'ai reconnu facilement la plume exercée de M. Schérer. C'est sous l'impression d'une de ces nouvelles à sensation si chères au parti ultramontain, l'apparition, si je ne me trompe, de quelque madone, que l'écrivain a envoyé au journal, un article des plus sérieux sur la situation religieuse de notre pays. Il montre avec une clarté douloureuse, comment un parti étranger à notre histoire, à nos mœurs, a pu s'emparer du clergé français, le façonner à sa guise, et l'amener dans une triste servitude aux pieds de celui que les décisions d'un concile, peu jaloux de la dignité et de la liberté des fidè-

les, ont fait, quoiqu'on en puisse dire, le
dictateur de l'Eglise. Peu importent les
opinions particulières ; mais il faudrait se
laisser aller à d'étranges illusions, pour ne
point comprendre la gravité extrême de la
question religieuse pour l'avenir de notre
patrie. Ce n'est pas un élément qui puisse
se supprimer dans ce redoutable problème ;
loin de là, il faut arriver à le modifier dans
un sens favorable au libre développement des
idées et du droit modernes. En un mot, il
faut arriver à concilier le catholicisme et la
société.

Les paroles de M. Schérer sont tristes
parce qu'elle sont vraies, mais elles ne laissent point après elles le découragement ;
car nous ne pouvons pas croire, pour
l'honneur de notre pays, que le catholicisme
de M. Veuillot, soit la dernière expression
de la pensée religieuse en France. L'histoire nous a montré les insolents succès
d'hommes pervers et audacieux, mais leurs
triomphes n'ont fait que précéder des re-
vers dont l'amertume a fait oublier jusqu'au
souvenir des premières victoires. C'est l'a-
venir de ce système que condamnent la justice et la vérité ; aussi, pour l'issue finale
de la crise, le doute ne saurait atteindre
nos âmes ; ce n'est pas pour l'ultramontanisme qu'ont été dites les célèbres paroles,
non prœvalebunt, mais l'inquiétude peut nous
saisir, car il faut sérieusement se demander
si les hommes du Vatican ne précipiteront
point notre génération dans des luttes terribles, et ne deviendront pas les artisans de

notre malheur et de notre décadence nationale. L'ultramontanisme tombera un jour,
mais ne nous entraînera-t-il pas dans sa
chûte ? voilà la question émouvante que doivent se poser tous les hommes qui ont à
cœur l'avenir de la France.

C'était ce que je me demandais après avoir
entendu le père Hyacinthe, et après avoir longuement causé avec lui.

Il est inutile de faire connaître le père
Hyacinthe à vos lecteurs ; c'est un des hommes qui honorent le plus l'Eglise de France,
car jamais conscience ne fut plus élevée,
plus jalouse de ses droits. et plût au ciel.
qu'en face de chacun de ses évêques à la
conscience romaine s'élevât un homme à
convictions énergiques et chrétiennes ; l'an-
goisse serait moins grande pour l'avenir de
notre France.

J'entends encore l'accent de tristesse,
avec laquelle le Père Hyacinthe disait : « La
société moderne ne peut pas faire alliance
avec l'Eglise catholique de 1870, elle ne le
peut pas, elle ne le doit pas. » Le divorce est
un fait accompli, les voies sont diverses, et,
sur ce terrain là , on ne se rencontrera
plus.

On a dit que l'Etat pouvait et devait être
athée, et vous entendez dans quel sens ;
mais une société qui tendrait à bannir l'idée
religieuse ne saurait subsister. Il y a donc en
apparence dans la situation actuelle, comme
une antinomie ; il faut à la France une con-
viction religieuse, et la seule qui par ses
formes, ses traditions, semble lui convenir,

s'est modifiée de telle manière, sous l'influence des jésuites, qu'il est impossible, en
conscience, de l'accepter. Que faut-il donc
faire ? Réformer l'Eglise — c'est sous cette
impression sérieuse et profonde, que le Père
Hyacinthe a commencé hier dans la grande
salle du Théâtre Argentina, une série de
conférences sur ce qu'il appelle la *Réforme
catholique*. — Je veux m'essayer à résumer
d'une manière brève et rapide, ce beau discours, en regrettant de ne pouvoir en donner qu'une faible esquisse.

C'est en mon nom seul que je parle, a
dit le Père Hyacinthe; et, cependant, j'en ai
la ferme assurance, ceux qui sont avec moi,
dans le monde entier, les vieux catholiques,
ainsi les appelle-t-on, ne me démentiront
pas. C'est une parole individuelle que vous
allez entendre, elle vous dira ce que nous
sommes, ce que nous prétendons être. Nous
sommes des *catholiques réformateurs*, nous
ne sommes pas des schismatiques ; à aucun
prix, nous ne voulons pas mériter ce nom.
Cependant, il faut l'avouer, le schisme est
au fond même de la situation, schisme d'autant plus fatal, qu'il est moins avoué ; il est
dans les esprits et surtout dans les cœurs.
Certes l'Eglise est fondée sur Pierre , *tu es
Petrus*, mais elle repose aussi sur le roc
inébranlable de la conscience chrétienne ;
aussi, attachés de toutes les puissances de
notre âme à l'Eglise, nous ne serons jamais
les ouvriers d'un schisme, car rien ne nous
séparera de son amour.

Mais j'entends une voix, et ici l'orateur

chrétien a fait appel à ces grandes images de
la Bible qui sont familières à son génie, et a
demandé aux prophètes d'Israël de lui prê-
ter leurs paroles, et cette voix me dit : Sortez de Babylone. — L'erreur et le mal ont eu
des triomphes dans l'Eglise de Jésus-Christ,
car je n'ai jamais été de cette école qui
chasse l'erreur et le péché de l'Eglise, mais
il ne faut jamais l'abandonner.

Aussi sincères que respectueux, nous di-
sons que le Pape et les évêques sont tombés
dans une grave hérésie, mais hérésie invo-
lontaire (je suppose qu'il a fallu la plus
grande des charités à l'orateur pour employer ce dernier terme). Malgré cette faute,
ils ne tombent pas. L'Eglise demeure encore, et unis à elle, nous devons résister
jusqu'à la fin à ce qui est une erreur qui
bouleverse la règle de la foi. Oh ! journée
fatale dans les annales chrétiennes que
celle du 18 juillet 1870, où les évêques
traversèrent la ville sainte, pour affirmer à
la face du monde la plus grande des héré-
sies, et pervertir l'antique doctrine du
Christ.

Mais j'entends une autre voix qui dit :
Sortez, l'Eglise vous a rejetés, vous êtes
des excommuniés, des rejetés ; fondez, si
vous le voulez, une nouvelle secte, l'Eglise
vous a séparés de son sein, vous condamnant à vivre dans l'isolement de l'âme, j'al-
lais presque dire sans famille et sans patrie !

Oui, je reconnais à l'Eglise le droit d'user
de ce terrible pouvoir, de se servir de ce

glaive divin trempé dans la fournaise céleste, mais il faut que l'excommunication soit juste et sérieuse; sans ces conditions de vérité, elle reste sans effet, et se retourne même contre celui qui l'emploie. Alors que je m'engageais dans cette voie de souffrances qu'il me faut parcourir, le vénérable abbé Martin de Noirelieu, auquel je confiais mes amères tristesses, me remit une copie d'un passage de Saint-Augustin (*De vera religione* n° 11) qui pouvait être comme l'indication d'une conduite à suivre. Le grand évêque reconnaît qu'il peut se faire que des hommes aient raison contre des enseignements qui pervertissent la foi de l'Eglise mais que leur devoir est de maintenir la vérité, et que leur volonté doit être de rentrer dans l'Eglise, lorsque la tempête sera apaisée, et que lors même que cette joie ne leur serait pas accordée, ils doivent l'attendre du père Céleste qui les couronnera. Du reste quel a été le premier des excommuniés sinon le Christ lui-même ? La synagogue l'avait chassé et fait mourir en dehors de Jérusalem, *extra portam passus est*; mais ce fut des hauteurs du Golgotha que regardant la ville sainte, il expira pour son peuple, disant qu'il n'était pas venu pour abolir mais pour accomplir. Nous aussi, comme notre maître, sortons de la porte pour garder intact le précieux dépôt de la vérité chrétienne.

Nous voulons travailler à la réforme de l'Eglise, car si notre œuvre ne se bornait qu'à une stérile protestation contre les dog-

mes du Vatican, nous ne serions que de
pauvres réformateurs.

Le mal était dans l'Eglise catholique depuis de longues années, et c'est à la racine
même de l'arbre qu'il faut descendre. Les ra-
ces latines, a poursuivi l'éminent orateur, ont
besoin de l'église catholique ; insensés ceux
qui prétendent qu'elles peuvent s'en passer.

L'Eglise reste comme une sainte réponse
aux angoisses des peuples ; mais il faut
qu'elle se dépouille de ce manteau troué et
sanglant dont l'on revêtue les pharisiens modernes. Mais tant qu'elle restera ce qu'elle
est, ce que nous la voyons aujourd'hui, l'u-
nion sera impossible, car nous avons étouffé
l'esprit sous les embrassements meurtriers
de la lettre, et jamais nous ne nous ferons
accepter tels que nous sommes. Ici la voix
du père Hyacinthe est devenue empreinte
d'une tristesse qui dominait l'assemblée entière, et toutes les saintes souffrances de ce
grand serviteur de Dieu ont débordé, alors
que, ne pouvant se faire illusion sur la situation présente, il a dû s'avouer dans la sin-
cérité de sa conscience, que cette Eglise pour
laquelle il conserve des tendresses infinies,
ne peut conjurer les dangers de ces temps.

Dans un exposé historique lumineux, il a
caractérisé à grands traits le rôle de la Réforme religieuse au XVIe siècle, signalant
les bons droits des réformateurs, mais n'o-
mettant pas les résultats funestes qui en dé-
coulèrent pour la société catholique. — Il
a reconnu qu'il fallait, si on voulait réformer,
remonter plus loin encore, et que c'était aux

Catacombes qu'il faudrait demander des raisons et des enseignements. C'est là que nous
trouverons le Christ, pour lequel on savait
alors mourir, pour lequel il faut savoir vivre
maintenant; c'est autour du maître que nous
nous grouperons tous pour sauver le
monde, en l'amenant à Celui qui est la vérité,
le chemin et la vie.

Je me reproche à moi-même ce compte
rendu froid et sec d'une admirable conféren-
ce; mais l'éloquence ne s'écrit pas. Voilà une
lettre bien religieuse; cependant, sur ce terrain, il me semble qu'une entente est possible. C'est autour du père Hyacinthe que doivent se réunir, ceux qui dans le catholicisme
comprennent que l'Eglise a déclaré la guerre
à la société moderne, et qui cependant s'a-
vouent aussi qu'il faut lutter contre l'enva-
hissement du matérialisme religieux, comme
du matérialisme social. — Nous avons un
exemple à imiter, c'est celui de l'Allemagne,
l'agitation religieuse la préservera de la dis-
solution que de si grands succès lui réser-
vaient. — M de Bismark a déclaré nettement, qu'il irait à l'encontre des agissements
des ultramontains, et qu'il était prêt à accepter la lutte, croyant que c'était une question
de vie ou de mort pour l'Allemagne. Il m'est
triste de penser que ce seul fait de la haine
du prince de Bismark pour les ultramontains,
peut être cause d'un temps de faveur pour
leur cause, et qu'il suffira qu'ils puissent se
dire odieux au diplomate allemand, pour
plaire chez nous à certains politiques mala-
droits.

Dans ce cas, M. de Bismark peut assurer les siens d'une victoire qui dépassera celles des dernières guerres, car cette victoire nous la lui aurons donnée de nos propres mains. La première bataille se livrera sur la question de l'obligation de l'instruction primaire ; fasse le ciel que ce ne soit notre première défaite.

Le P. Hyacinthe va rentrer en France, et il est à souhaiter que les conférences qu'il donne maintenant à Rome, soient connues et entendues de tous. Je souhaite qu'il se produise partout des protestations analogues à celles de Bordeaux ; se serait d'un grand exemple. Vous croirez aisément qu'il était étrange d'entendre, en face même du Vatican, s'élever la grande voix du réformateur catholique. Il y a à peine deux années, rien de cela n'était possible, et le palais de l'inquisition près de Saint-Pierre, donnait à réfléchir aux prêtres qui auraient voulu tenter les nobles aventures de la conscience. Ne croyez pas à une invention : le palais de l'inquisition existe, et même il a été restauré par la magnificence de Pie IX. On y a envoyé réfléchir plus d'un prêtre dans une retraite qui n'avait rien de volontaire. Aujourd'hui, tout appartient au passé ; il n'y a plus d'inquisition, et plus de brigandage. Rome est capitale de l'Italie, ce qui satisfait beaucoup les Italiens que cela intéresse au plus haut degré, et ce qui déplait fort à certains français, qui feraient beaucoup mieux de s'occuper de leur pays qui n'a besoin d'aucune complication extérieure.

Les Prussiens sont ici les lions du jour :
le prince Frédéric-Charles , le vainqueur de
Metz ne rencontre que des ovations. Les
municipalités vont le recevoir, et au théâtre
on l'accueille par des applaudissements sans
fin. C'est assez désagréable après avoir été
à Solférino , faire l'Italie , de recevoir une
si douce récompense ; mais il faut savoir ne
point oublier que la reconnaissance des peuples se mesure au degré de leurs intérêts.
Du reste , ce que les Italiens ne peuvent
oublier, et avec trop de raisons, ce sont les
menées du parti ultramontain, et nous re-
cueillons ce triste héritage. Je crois pouvoir vous affirmer que le comte d'Arnim ,
ancien ministre d'Allemagne près le Saint-
Siége, ne sera pas remplacé, et que les affaires de la légation seront gérées par un
simple secrétaire. C'est une de ces mortifi-
cations sensibles pour le Vatican, mais c'est
une manière de lui faire sentir que le gouvernement allemand est fort mécontent de
l'attitude prise par le parti ultramontain ,
et qu'il ne serait pas loin de prendre fait et
cause pour les anciens catholiques C'est une
nouvelle dont vous saurez comprendre toute
la portée.

IV

Parme. — Bologne. — Les regrets du parti ultramontain. — La Sainte-Cécile de Raphaël. — Francesco Francia. — La traversée des Apennins. — Pise. — Les fresques du Campo-Santo.

Vous me permettrez de laisser les questions religieuses ou politiques de côté pour ne vous entretenir que de l'impression laissée par un court séjour dans des villes qui, chacune en leur genre, ont un nom dans l'histoire de l'art en Italie.

Parme est digne d'être vue, car c'est la patrie du Corrège, ce peintre dont la palette est si lumineuse et si riche. Son musée qu'il faut parcourir est une bonne initiation à l'étude de la grande école de Bologne. On sera frappé, dès l'abord, par le ton grave de cette galerie qui, comme presque toutes celles de l'Italie, ne contient que des tableaux religieux. C'est un caractère distinctif et qui rappelle bien peu nos collections artistiques de France que la générosité des divers souverains a enrichies d'un fort grand nombre de tableaux légers d'illustres inconnus. Ces tableaux sont faits pour satisfaire les uns, pour ennuyer les autres; il suffit de voir ceux qui les visitent pour s'en assurer, car beaucoup semblent penser qu'ils accomplissent un devoir. Ils semblent oublier que la peinture n'a atteint son expression la plus complète que lorsque la pensée religieuse l'a pour ainsi dire, illuminée. Qu'on regarde

avec attention le tableau célèbre de la collection de Parme, appelée *la Madona del san
Vitale*, du peintre Francesco Francia, peinture des premières années du xvi° siècle et on
comprendra à quelle hauteur une idée chrétienne peut entraîner un artiste. Cette madone n'est point celle de l'école espagnole,
que l'Assomption de Murillo a rendu si vulgaire, c'est la mère idéale dans toutes les
chastes splendeurs de la maternité, et non la
vierge Marie que nous avons l'habitude de
voir défigurée par l'imagination maladive et
malsaine des artistes des temps qui ont suivi
la grande époque de la peinture. Il est fort
difficile de donner une juste idée de ce que
peut être un peintre, alors qu'il faut se con-
tenter de la très-faible description d'une esquisse à la plume, et c'est ce dont on voudra
bien se souvenir. Le musée est l'œuvre de
cette pauvre Marie-Louise, qui ne sut pas à
quoi un grand nom oblige, et ne comprit pas
qu'il y a une majesté dans le malheur qu'il
faut savoir respecter. Il est bon à Parme de
visiter le musée des antiques, où se trouvent
quelques choses précieuses, surtout un buste
de Galba, d'une remarquable expression, et
un autre de Vitellius, portrait saisissant du
triste empereur que l'histoire nous a fait
connaître; à citer encore, un petit Hercule
ivre, statue d'un réalisme hideux.

De Parme il faut se diriger sur Bologne,
autrefois la perle la plus précieuse de l'é-
crin pontifical, aujourd'hui une des villes
les plus importantes du nouveau royaume.

Depuis que j'ai vu Bologne, depuis que

j'habite Rome, il m'est plus facile de comprendre les tristesses du parti ultramontain,
car en vérité il est dur de perdre le droit de
gouverner de si belles, de si riches provinces. Cependant, il reste encore au Saint-
Père ce Vatican que les journaux de ce ma-
tin appellent une splendide prison, et je
vous l'assure *de visu*. Mais cela ne peut suf-
fire au descendant de ce pauvre saint Pierre
qui n'avait qu'une barque. De tous les
égoïsmes, le pire est celui qui se couvre du
manteau de la religion, car ne songeant qu'à
lui seul, cependant il semble rechercher
avant tout le triomphe des idées éternelles.

Bologne devait être en effet une résidence
charmante pour un cardinal légat, dans ces
beaux jours où le brigandage fleurissait et
prospérait dans les Etats pontificaux; mais
tout ceci n'est plus qu'un souvenir, et les
gens âpres et rudes de la Savoie, ont mis
bon ordre à tout ce qui pouvait rappeler le
vieux temps. Quelle ville intéressante que
Bologne! C'est la cité du moyen âge, avec ses
sombres arcades et ses grandes tours; en me
promenant le soir, il me semblait que j'al-
lais voir apparaître le guet, tant cette ville
moyen âge, imaginée aux jours des études,
m'apparaissait comme une réalité vivante.
Se retrouver en plein XIIIe siècle, et cela
sans efforts et sans peine, n'est point sans
charmes pour ceux qui aiment le passé. Le
musée de Bologne est un des plus beaux du
royaume; ce qui étonne, c'est de voir combien tout est pur dans l'art italien de la Renaissance et on se sent une très-petite es-

time pour l'école du siècle dernier qui a
donné à l'art les Boucher, les Watteau et
tutti quanti, lorsqu'on s'arrête devant ces
nobles tableaux de la grande époque. C'est
à Bologne que se trouve la Sainte Cécile de
Raphaël. La peinture comme la poésie a ses
adeptes, et cependant qui donc ne s'arrêterait
avec émotion devant cette toile célèbre entre
toutes. Pour ma part, il m'a semblé que j'étais
comme initié aux mystères, et que les derniers secrets m'étaient révélés. On connaît le
sujet de la composition du grand maître,
sainte Cécile entourée de saint Jean, de
saint Pierre et de Madeleine, entendant des
harmonies célestes, laisse tomber à ses pieds,
ravie en extase, ces instruments qui faisaient
sa gloire. C'est, on le sait, une des plus au-
dacieuses tentatives de l'orateur que de pouvoir par la magie de la parole, mise au service d'une grande idée, détacher les âmes
du contact de ce monde et provoquer en
elles le ravissement pour les choses célestes. Quelle puissance que celle de l'artiste,
saisissant ce moment unique, où l'aspiration pour les choses d'en haut se produit,
et en fixant à jamais l'expression ! Sainte
Cécile est en extase, et cette extase n'est point
mystique au sens dévot du mot; c'est une
âme sainte, ayant conscience d'elle-même,
et connaissant la cause de l'élévation su-
blime dont elle jouit. Vertueux ce tableau,
un des plus beaux qui existent au monde, et
il faut l'étudier lignes après lignes, pour comprendre la puissance de celui qu'on a appelé le divin Raphaël.

Les peintres de son école qui voulurent
continuer sa perfection, ne possédèrent pas
ce sentiment exquis et profond qu'on retrouve dans ses compositions. Comme leur maître, ils eurent d'admirables modèles,
ils les copièrent avec une rare perfection, il
faut le reconnaître, mais ils ne surent pas
idéaliser la forme, si belle qu'elle pût être,
qu'ils reproduisaient sur la toile. A ce point
de vue, qu'on étudie l'école d'Andréa del Sar-
te et de Carle Dolci et on saisira à merveille cette différence. Le musée de Bologne
doit être visité avec soin par ceux qui aiment l'art italien, car les précurseurs de
Raphaël y sont représentés en grand nombre, et surtout Francesco Francia, qui fut
son ami et son maître. On raconte que Raphaël envoya sa Sainte-Cécile à son vieux
maître, et que celui-ci en la recevant eut une
émotion si grande, qu'il brisa son pinceau.
Il est difficile en ce monde 'de parler de
perfections, et cependant pour qui comprend
l'art, ce mot là se murmure devant la toile
de Raphaël. Cependant c'était aussi un maître que ce Francia, car il a donné à ses têtes de vierge, une expression idéale de sainteté et de pureté, mais elles ne sont pas encore harmonieuses comme celles de Raphaël,
et pourtant en les contemplant, on se persuade une fois de plus de cette antique vérité que la simplicité est la source de la
beauté. La galerie de Bologne laissera de
grands souvenirs à tous ceux qui l'auront
visitée; je ne veux pas citer inutilement des
noms, mais qui ne s'arrêterait avec

respect devant l'esquisse de la célèbre tête
du Christ, du Guido Reni, une des plus belles conceptions du peintre, comme aussi
une des plus majestueuses expressions de
la douleur du Crucifié. Cependant le Domi-
niquin qui a à Bologne une de ses plus
belles toiles, m'a moins frappé que je ne le
pensais. A côté même du musée se trouve
l'église de Saint-Giacoma-majiore , qui, à
elle seule, est une très-belle galerie; elle est
importante en ce sens que tous les maîtres
de l'école de Bologne y ont travaillé.

Sans vouloir revenir longuement sur cette
ville, je dois dire toutefois qu'il en est
peu qui laissent après elles un tel souvenir, et
cela même à cause du caractère exception-
nel de sa construction moyen âge, et parce
qu'en arrivant en Italie pour la première
fois, elle vous initie à un passé qui ne fut
pas sans gloire.

En quittant Bologne, on se dirige vers
Florence, en traversant les Apennins; il n'est
rien de plus audacieux que ce chemin de fer
qui s'élève à une hauteur inouïe, en ne traversant pas moins de quarante-sept tunnels;
c'est un travail de géants, digne des Romains
d'autrefois et une vraie gloire pour ce jeune
royaume. Aussi, après avoir fait ce trajet, on
comprend la glorieuse inscription mise à la
station de Porreta, pour consacrer l'éternelle
mémoire du *faustissimo die* où le chemin de
fer fut ouvert par Victor-Emmanuel *unitore
et liberatore del Italia.*

Nous descendons doucement vers les riches plaines de la Toscane et de tous côtés

apparaissent dans les vallées les riches villas, les belles fermes ; nous sommes au milieu de ces contrées qui sont l'honneur et la joie de l'Italie. Tout devient gai et riant , tout s'illumine à mesure que nous approchons de Florence, que nous saluons au passage , voulant nous arrêter à Pise.

Voilà une ville triste. *Pisa morto* comme ont dit les Italiens, où il pleut trop souvent, où cependant il y a des monuments qui l'ont rendue célèbre dans le monde entier. Qui ne connaît la tour penchée de Pise, et parmi ceux qui s'occupent d'art, qui donc n'a entendu parler de son Campo-Santo ? Quatre monuments, dont un seul suffirait à la gloire d'une ville, sont réunis sur une seule place, *la piaza del Duomo*, le Baptistère, le Dôme, la Tour penchée, le Campo Santo.

Le Baptistère présente cette forme commune aux édifices de ce genre, et contient une vraie merveille , une chaire en marbre du moyen âge , que l'on s'accorde à reconnaître comme le travail le plus remarquable qui existe en ce genre. C'est du très-beau roman, comme style, illustré par des bas-reliefs très-beaux de fini et d'exécution. La Cathédrale ne ressemble à rien de connu, c'est assurément la croix latine , mais la façade est d'un très-beau byzantin. L'intérieur, d'une richesse inouïe , comme toutes les églises d'Italie ; mais il est inutile d'entrer dans des détails.

Quant à la Tour penchée , elle est gracieuse, et cet air penché lui sied fort bien ; l'écartement de la perpendiculaire est, comme

on le sait, fort considérable, pas moins de
trois mètres. La colonnade qui court autour de l'édifice est légère, de très-bon style,
et contribue à atténuer l'effet un peu formidable que présenterait cette grosse masse
avec son aspect chancelant. Rien n'est plus
caractéristique que cette réunion de ces
monuments dans une partie écartée de Pise,
loin de toute circulation, dans un calme
complet. A côté même de la cathédrale se
trouve le célèbre cimetière connu sous le
nom de Campo-Santo.

Ne vous étonnez pas si je parle longuement du Campo-Santo de Pise, c'est en effet
le plus beau cimetière qui se puisse voir, et
rien n'égale sa grandeur comme sa mélan-
colie. Le président de Brosses en a parlé
assez singulièrement, disant que « c'est un
grand cloître carré long qui enferme un
préau, tout de terre apportée de Jérusalem,
qui à ce que l'on prétend, égaie mieux que
nulle autre les âmes des pauvres défunts. »

Le cloître est d'architecture gothique et
sous ce beau ciel semble ainsi unir la rêverie
du Nord à la vie luxuriante du Midi. Les
allées de ce cloître pavées de tombes, sont
douces à parcourir, car il y règne une tranquille paix, et ceux qui sont là, sous ces
grandes dalles, semblent n'avoir point
connu les horreurs de la mort, tant leur dernière demeure a quelque chose de saint et
le calme. C'est l'asile des grands citoyens,
c'est là qu'ils reposent, et à côté d'eux, ceux
que la fortune favorise jusque dans la mort,
comme le prouve le splendide tombeau de

cette jeune inconnue, Anastasia Schouvalof, *puella ingenio excellenti, forma egregia, ave et vale, anima innocens.* Mais aussi à côté, le buste de Cavour avec cette inscription :

Pisa piange la morte ahi, troppo immatura del conte Camillio Benso di Cavour.

Ce fut en effet une mort prématurée que celle de ce grand citoyen qui mourut avant d'avoir pu voir se réaliser le grand rêve de sa vie entière, l'Italie unie avec Rome pour capitale. Au Campo-Santo, même, il est facile de voir combien la fière pensée de Cavour trouve d'échos dans ce noble pays. Autrefois dans les luttes rivales qui agitèrent ces petites républiques, Gênes avait pris à Pise les lourdes chaînes de fer qui fermaient l'entrée de son port et les gardaient comme un trophée de guerre. Au jour où l'indépendance italienne fut proclamée, spontanément Gênes renvoya à Pise ces fameuses chaînes, et le conseil de la ville, d'un avis unanime, décréta qu'on les suspendrait au Campo-Santo, ce siège illustre de tant de gloires (*questa splendida sede di tanti glorie*) avec cette inscription que je reproduis presqu'entière et qu'il est inutile de traduire :

La generose Genova nell anno MDCCCLX, primo della Italica indipendenza, spontanea a Pise restitutiva a segno perenne di fraterno affecto, di concordia, e *di unione ormai indissolubile.*

Vous le voyez, d'une union désormais indissoluble, cette union devient plus forte

chaque jour, et il sera facile de vous en donner des preuves

Les murs du Campo-Santo sont couverts
de fresques. Beaucoup passeront sans doute
indifférents, ne comprenant pas même l'intérêt qui peut s'attacher à une œuvre d'une
telle célébrité, et prêts à redire, avec le scep-
tique président de Brosses, qu'ils ont vu
« les histoires de la Bible, représentées d'u-
ne manière fort bizarre, fort ridicule, parfai-
tement mauvaise et très-curieuse. » Cependant, pour qui s'intéresse à la marche de la
peinture dans notre humanité, le Campo-
Santo, ouvre comme une vision sur un passé
lointain. Le moyen âge s'illumine de clartés
inconnues jusqu'alors, et on se prend à revivre avec une savante facilité, en ces époques étranges, que l'histoire nous fait si peu
connaître. L'art sait et marque les développements de l'humanité, et ces grandes fresques sont, de tous les livres, ceux qui ont été
écrits avec la plus grande vigueur.

Voilà ce qu'il ne faut point oublier en
les étudiant, car c'est le moyen âge qui
nous apparaît vivant encore dans ces peintures. A ce point de vue, les fresques du
Campo-Santo présentent un intérêt incon-
testable, mais il faut le reconnaître, le dessin est raide, la perspective nulle, les idées
souvent étranges. Ainsi si on étudie dans
ses détails, la grande fresque, l'Enfer de
Bernardo Orcagna, on restera stupéfait de
l'imagination bizarre de ce peintre, qui s'est
ingénié à concevoir les supplices les plus hor-
rib'es, mais sous des formes absurdes. Mais

si à côté même de cette peinture, on s'arrête pour examiner, sans parti pris, le jugement dernier d'Alexandre Orcagna, combien l'impression sera différente. C'est une composition d'un rare mérite ; on comprend que l'Ecole de Pise a senti passer sur elle comme un souffle d'indépendance ; ce n'est plus le missel du moyen-âge, mais ce n'est pas encore la renaissance, ce sont les lueurs qui précèdent l'aurore. Certes, l'artiste a été l'esclave de son temps, mais si la forme, la pratique matérielle lui manquent, combien l'art a grandi. Ce n'est plus le byzantin des premiers siècles, ou l'art latin dur et laid qui le remplaça, c'est l'art italien. Qu'on regarde ces vierges, ce n'est plus la Madone des moines d'Asie ou du Mont-Athos, froide et sans vie, constellée de pierres précieuses, la Marie du Concile d'Ephèse, mère de Dieu.

La vierge du Campo-Santo est la Madone mystique de ce moyen âge qui nous a donné l'Imitation de Jésus-Christ ; elle est froide en apparence, mais son regard est déjà empreint d'une grande sainteté ; elle précède la Madone de l'Ecole de Bologne, qui sera l'idéal de la pureté et de la chasteté ; elle marque un des pas en avant dans cette manière de faire qui nous amènera jusqu'à Raphaël. Dans les peintures de l'Ecole italienne, la Madone peut servir aisément de point de repère, car chaque école lui a imprimé un cachet particulier.

Si, comme on l'a dit : le beau est la splendeur du vrai, il est permis de faire remarquer, que seule, la Vierge des maîtres de Bologne, donne une juste idée de la mère du Christ.

La Vierge Immaculée de 1854, n'a point encore trouvé de peintre, et ne le rencontrera probablement pas, car elle est irrationnelle, et l'art, bien que poursuivant l'idéal, ne peut se flatter de l'atteindre, ou du moins de l'approcher, que dans la mesure où il exprime le vrai. Il faut, et c'est la pensée qui résume mes impressions sur le Campo-Santo, saluer dans cette grande œuvre, comme l'avénement de la poésie dans l'art.

V

Mazzini. — La manifestation de Rome. — De l'esprit politique du peuple italien. — De la conduite à tenir vis-à-vis du gouvernement de Victor-Emmanuel. — Livourne. — Les Maremmes. — Civita-Vecchia. — Rome.

Rome, 1er avril.

C'est à Pise que vous a laissés ma précédente lettre, et si je reviens sur ce sujet, c'est à cause même des nombreux souvenirs qui se rattachent à mon séjour dans cette ville. La veille de mon arrivée, un homme qui a excité les antipathies les plus grandes, dont le nom a été un symbole de haine et de vengeance, venait d'y mourir. Vous savez que je parle de Mazzini ; les correspondances des journaux étrangers vous auront déjà donné de nombreux ren-

seignements sur ses derniers instants, et il
est inutile d'entrer ici dans des détails de
biographie. Certes, il ne faut pas aller jusqu'à dire avec l'extrême gauche italienne,
« l'apôtre infatigable, le père de la nouvelle
Italie, le Triumvir de la République romaine, n'est plus »mais il est bon de rappeler
l'énergique activité de Mazzini dans l'œuvre
de l'unité de la patrie, et si on est prêt à
condamner ce qui est condamnable, il faut
posséder cet esprit de justice qui sait mettre en lumière de nobles qualités.

Ce fait m'a frappé à un haut degré, et
j'aime à le signaler comme une des preuves
les plus remarquables de l'esprit politique
du peuple italien. Mazzini, certainement,
ce conspirateur, qui était, pour parler un
instant avec ses admirateurs, le génie et
l'incarnation de la conspiration, qui conspi-
rait comme le rossignol chante au sein des
nuits, comme la colombe soupire dans les
grandes forêts (sic). Mazzini était loin et même
très-loin de répondre aux vues politiques du
plus grand nombre, et cependant devant sa
tombe on a oublié le passé, pour ne plus se
souvenir que de l'œuvre du patriote. Il y a
aujourd'hui même quinze jours, Rome tout
entière était sur pieds, pour rendre un honneur suprême à Mazzini, et je n'ai jamais vu
un spectacle d'une telle grandeur. Ce
n'était rien de mesquin, rien de théâtral,
mais bien une solennelle manifestation
du désir de ce peuple de rester uni, et le
prouvant en rendant hommage à un des
promoteurs de l'unité nationale. J'ai assisté

au défilé, et ce n'était pas seulement les
exagérés du parti, mais bien tous les représentants de la société romaine qui s'y trou-
vaient. Vous pouvez noter ce grand fait et
le donner en réponse à ces journaux cléricaux, qui ne savent rien de l'Italie, ou qui
plutôt n'en veulent rien savoir, et prétendent que les Romains regrettent le bonheur
d'autrefois et les splendeurs du gouvernement pontifical. Il y avait assurément plus
de 50,000 personnes à cette manifestation,
et pas un cri ne s'est élevé, pas un murmure
ne s'est produit. Il faut le dire bien haut,
cela a été admirable, et pour ceux qui son-
geaient à la France, en l'aimant, ils ne pouvaient s'empêcher de souffrir et de faire les
plus tristes réflexions.

Il est dur de s'avouer qu'une telle manifestation serait impossible en France, parce
que la haine des partis étouffe l'esprit de
justice. Imaginez-vous une manifestation
semblable à celle faite en faveur de Mazzini,
dans une de nos cités, à Lyon, à Paris, à
Marseille; croyez-vous qu'on serait capable
de faire taire les rancunes, les jalousies, pour
rendre hommage à un grand citoyen, si
extrême qu'ait pu être le parti auquel il ap-
partenait. Pensez-vous que ceci se passerait
dans un ordre parfait sans donner le moindre prétexte à une agitation quelconque ?
Ces questions peuvent être posées, sans
que des réponses soient nécessaires.

Il y a des gens qui ont une politique légère et prétentieuse à l'égard de l'Italie, où
on remarque trop une certaine suffisance, et

je ne sais quel ton de supériorité qu'on s'accorde, mais qu'il voudrait mieux mériter. Quand un peuple sait montrer une sagesse si entière dans des occasions d'une grande difficulté, il vaudrait peut-être mieux chercher là un exemple, que parler légèrement. Les Italiens ont une supériorité; ils savent ce qu'ils veulent, et connaissent le chemin qui les conduira à leur but. Pourrions-nous en dire autant de nous-mêmes? Comment songer sans tristesse à cette politique mesquine de notre droite française qui, par ses orateurs, par ses journaux, pendant de longs mois s'est accordé la très-petite satisfaction de laisser notre pays sans représentants auprès du gouvernement de ce pays. On dit très-haut ici que c'est la meilleure raison du traité d'alliance conclu avec la Prusse, qui ne se serait pas signé, si la droite avait voulu se désister de ses incroyables prétentions. Il faut savoir être juste, et reconnaître qu'on ne blesse pas impunément les gens, et qu'après avoir été soi-même plus que malheureux, il ne faut pas vouloir donner des leçons à ceux qui sont d'une grande susceptibilité nationale, et qui ont la conscience très-certaine de leur valeur. Il faudrait être un pauvre diplomate ou un journaliste de fort petite valeur pour rééditer aujourd'hui la parole bien connue, l'Italie est une expression géographique.

Nous ne sommes plus au temps où on traitait cavalièrement ce pays, où il était d'habitude de penser et d'écrire que l'Italie dépendait des autres puissances. La vieille

parole, *Italia fara da se*, l'Italie ira d'elle-
même, est à l'heure présente une réalité dont
il faut que chacun soit convaincu. Nous
avons à côté de nous un peuple fort et uni,
et de même que par nos fautes politiques
nous avons fait l'Allemagne, de même, nous
travaillons à consolider l'Italie, par cette
politique impolie, car c'est le seul nom que
je puisse lui donner, ne la trouvant ni mé-
chante ni habile. Aussi est-ce un véritable
repos pour les amis sincères de la France,
que de savoir enfin M. Fournier à Rome,
prêt à atténuer par sa parole noble et loyale,
toutes les folles proclamations du parti légitimiste et ultramontain. L'accueil fait à
notre nouveau ministre a été excellent : tous
les journaux de diverses nuances du parti
libéral, ont salué son arrivée comme un désir
sincère de la France de reconnaître l'état des
choses.

Du reste, c'est la seule ligne de conduite
possible, et pour qui a vu l'Italie, toute
tentative de restauration du pouvoir temporel amènerait la chûte de la puissance qui
entreprendrait cette croisade. Tout ceci est
une affaire entre l'Italie et le Saint-Siége,
et le gouvernement acceptera peut-être des
conseils, et encore faudra-t-il qu'ils soient
dictés avec une extrême réserve. Mais quant
à des ordres, ce mot là, il faut le rayer ;
nous ne sommes plus en 1867. Il est dur
de voir exploiter chaque jour en ce pays,
les fautes sans nombre du parti légitimiste,
de voir imprimer les paroles imprudentes de
nos députés ultra-catholiques, et de sentir

qu'on attire ainsi la haine contre notre pauvre France , et que ceci est au moins inutile. On ne le dit pas assez , les Italiens sont très-jaloux de leurs gloires nationales, et ils n'aiment pas entendre parler des leurs avec ce sans façon dont usent les journaux catholiques. Ils n'oublieront pas de longues années la manière dont on a accueilli Garibaldi, pas plus que le *jamais* de M. Rouher, ou la belle parole de M. de Failly. Ce peuple a une terrible mémoire , et il est triste que nous ayons derrière notre politique actuelle, ces lamentables souvenirs. Quand je pense à l'excitation malsaine provoquée par les journaux à la suite de la prétendue injure reçue par ce pauvre comte Benedetti, et que je me reporte à ce jour néfaste où M. Rouher eut l'incroyable audace de provoquer tout un peuple, en jetant ce mot insultant et absurde, *jamais*, beaucoup de choses s'expliquent ; et je peux comprendre les longues souffrances de l'Italie , ne pouvant relever un mot pareil, et obligée dans le silence d'attendre l'heure des revendications. A présent, il faut compter avec elle , et des mots heureux comme celui de M. Rouher, si par malheur , ils devaient être consacrés par l'approbation de la Chambre, ne passeraient pas avec la même facilité qu'autrefois. Car l'Italie, à l'heure actuelle, est une, elle s'est appuyée sur l'alliance militaire de la Prusse, et, à vous dire mon impression très-franche, on supportera aisément et pour cause les récriminations cléricales , mais je doute très-fort que des représentations diplomatiques sur la question du temporel eussent chance d'être agréées favorablement.

Mais je désire compléter l'itinéraire du voyage en Italie que je conseille de faire. Pise peut être vue rapidement, et une journée sagement employée suffit pour en avoir une très-juste idée. Ceux qui s'intéressent à l'histoire de l'art en Italie, trouveront dans le musée des tableaux, une collection de vieux maîtres avec tous leurs défauts comme avec tous leurs mérites.

Livourne est à une très-petite distance de Pise, et bien que ce soit le chef-d'œuvre de la dynastie des Médicis pour parler avec Montesquieu, cependant une simple promenade à travers la ville suffit pour voir tout ce qu'il y a à voir. Près de la gare, se trouve une maison sur les murs de laquelle se trouve une inscription rappelant que Garibaldi a honoré cette demeure au retour de la troisième guerre italique. Ce simple fait, vous montrera combien ce pauvre Garibaldi, qui après tout était venu offrir son sang à notre France, est populaire dans ce pays. Vous savez de quelle manière les journaux cléricaux traitent pour l'ordinaire Garibaldi, et quelle incroyable fureur les pousse à couvrir d'injures et de calomnies ce pauvre soldat, qui n'a rien accepté et est resté seul dans cette île pour ainsi dire abandonné. J'avoue que quelquefois, on serait tenté de rendre la pareille à ces messieurs, et de raconter certains détails sur des hommes devant lesquels on plie les genoux et qui ne seraient ni à leur honneur, ni au profit de la cause dont ils se font les défenseurs.

La ville du monde où les saintes réputations courent le plus de dangers, est celle d'où je vous écris, car en fait de piété, comme me le disait un romain, il ne reste ici que celle que les étrangers y ont laissée.

Mais c'est là une arme dont nous ne nous servirons pas, car il faut qu'un ennemi soit bien accablé, pour en être réduit à l'injure, il nous suffira de lire cette belle inscription sur la grande place de Livourne, où on déclare que l'ancien ordre de choses était incompatible « *con l'ordine et la felicita della Toscana* », pour pouvoir supporter très-aisément les violences pieuses du parti.

De Livorno à Civitta-Vechia, le chemin de fer traverse les maremmes de la Toscane, infestées en été par la Mal'aria; ce sont des contrées couvertes de forêts et de marécages, d'une tristesse profonde, qu'égayent à peine ça et là quelques pâtres à cheval, avec le fusil en bandouillère, gardant leurs grands troupeaux. Déjà on aperçoit ces bœufs à longues cornes que l'œuvre de Scheffer a fait connaître en France. Sur le parcours de ce long chemin la vue ne devient belle qu'à Orbittello, où le Mont-Argentario sort majestueusement des lagunes pendant que les montagnes de l'Etrurie s'illuminent des dernières lueurs du soleil couchant. Mais la nuit tombe, nous sommes à Civitta-Vecchia, vilaine ville qui invite au renoncement à soi-même et n'inspire que le très-vif désir de la quitter, ce que je fais du reste peu de

temps après. Rien ne présente un aspect
plus désolé, que cette route qui conduit de
Civitta à Rome, mais la seule pensée d'arriver, fait oublier les longueurs de la route ;
aussi l'Agro Romano est-il vite traversé, le
train franchit le Tibre, entre dans la ville
des Césars et des Papes.

VI

*Du journalisme en Italie. — De la nécessité d'une
presse politique populaire en France. — Des conditions faites à la presse en Italie.*

Il y a beaucoup à apprendre en Italie,
surtout au point de vue politique, et on ne
peut en vérité que rendre hommage à un
peuple, qui sait, avec une modération bien
rare, poursuivre un but très-grand, et, réus-
sir sans que le succès le pousse à l'orgueil.
Les Italiens ont montré en effet depuis cette
guerre de 1859 qui date l'ère de leur grandeur
un tact politique si remarquable qu'on doit
rechercher les raisons de cette manière de
faire : Assurément ce serait un long et sérieux travail que de mettre en lumière les
causes de l'état actuel de l'Italie, comme les
raisons des aptitudes propres à son peuple ;
il n'y a pas même à y songer ; cependant il
existe un certain côté de sa vie politique qui
a sa valeur très-grande, à mon avis, qu'il
est bon de signaler et qui n'est pas sans résultats sur la formation de l'opinion publique
que : je veux parler du journalisme en Ita-

lie. Les conditions faites à la presse française sont connues de tous par leurs caractères difficultueux et remplis de périls. Loin d'être regardée comme une précieuse amie des libertés, on n'a vu en elle qu'une puissance à combattre, à laquelle il fallait tout au plus accorder, pour me servir d'un mot célèbre, les libertés nécessaires. Sous les divers gouvernements de la France, il a fallu du courage pour tenir une plume de journaliste, car les procès de presse devant la 6e chambre, sont encore présents à l'esprit de beaucoup. Ce n'est pas en ce temps-ci qu'il faut rappeler que dans notre patrie le journalisme n'occupe pas la place qu'il devrait tenir ; j'imagine qu'il n'est pas un esprit sérieux qui ne déplore un tel état de choses. Une vérité douloureuse qui ressort avec évidence de cet affaissement de la presse française c'est l'absence d'une politique populaire dans notre pays. Il faut, pour être lecteur d'un journal, se le procurer d'une manière ou d'une autre, et, de quelque façon que ce soit, c'est un debours à faire. En égard à nos populations, nos journaux ont un tirage méprisable.

Il se peut que certaines gens s'en réjouissent ; car les lieux communs sur les licences de la presse sont chers à plusieurs ; pour nous, nous sommes en bon droit de le regretter. C'est pourquoi je veux m'essayer à préciser ma pensée.

La vie politique d'un pays quel qu'il soit doit présenter un caractère de permanence, c'est-à-dire que le peuple tout entier,

jour par jour, doit être tenu au courant des
affaires de son gouvernement, de manière à
pouvoir se former un jugement en pleine et
entière connaissance de cause. Il ne suffit pas
d'avoir si souvent proclamé le gouvernement du peuple par le peuple; en justice, on
doit lui fournir les moyens de ce gouvernement. En France, dans les conditions actuelles, cela est impossible, car on ne peut
arriver à un résultat semblable sans une
publicité politique. Existe-t-elle? Peut-elle
même exister? je laisse de côté la question
de liberté, mais la seule question matérielle, le prix du journal enfin, à lui seul cons-
titue un obstacle si grand qu'on peut le regarder comme insurmontable. Nos campa-
guards dont les uns prônent les vertus, dont
les autres déplorent l'asservissement et l'i-
gnorance. ne peuvent pas lire de journaux
vraiment sérieux où l'élément politique ait
une large part, par cette seule raison qu'ils
ne peuvent pas les acheter. Or, je le demande,
de quel poids peuvent être les opinions d'un
homme qui ne sait rien de ce qui intéresse
sa patrie, et n'a-t-on pas raison de craindre
qu'un sentiment du moment, une pression
d'autorité, soit le seul mobile qui le pousse à
un vote d'une conséquence grave peut-être
pour son pays? En serait-il de même, si déjà
depuis de longues années, dans notre patrie, la presse politique dégagée de toutes
les entraves qu'on sait, avait pris une large
place dans la vie du pays? Dans ces conditions, la guerre eût-elle été possible en
1870, et la France entière se serait-elle

laissé surprendre par une politique de surprise et d'expédients ?

Ce n'est pas un des moindres mérites de l'Italie d'avoir compris qu'une presse libre et politique était la meilleure auxiliaire d'un gouvernement libéral. Le journalisme politique est populaire; il atteint la nation entière, car qui peut lire achète un journal. Dans toutes les villes du royaume, un journal ne coûte, sauf quelques exceptions, que cinq centimes, et ne croyez pas que je parle de feuilles semblables au *Petit Journal* ou la *Petite presse*, non, je fais allusion à des feuilles sérieuses comme *il Diritto*, *la Libertà*, *il Pungolo* et bien d'autres qu'il me faudrait citer.

Vous pourrez comprendre qu'il y a une différence entre un article de fond et un je ne sais quoi de Timothée Trim, et qu'il peut être plus avantageux à un peuple de suivre fidèlement la marche de ses affaires que de dévorer les malsains compte-rendus des cours d'assises. A coup sûr, il est préférable pour lui de savoir ce qui se passe a l'étranger que de lire et relire les récits des vols et des assassinats, toujours assez nombreux pour remplir de grandes colonnes de faits divers. D'ici à quelques années, il n'y aura pas d'italien qui ne sache lire et écrire, car, sans doute, cette douleur nous sera aussi réservée de voir la loi sur l'instruction obligatoire votée en Italie avant de l'être en France, et ceci aura pour résultat d'augmenter encore la puissance du journalisme, et de lui permettre d'aider au triom-

phe des idées libérales. Il y a quelque temps,
avant l'arrivée de M. Fournier à Rome, une
guerre semblait imminente, à la suite des
pétitions des évêques et des mouvements
désordonnés des ultramontains, mais grâce
au journalisme italien, qui chaque jour ex-
posait la situation, l'opinion publique était
faite, et si, par malheur, une rupture avait
éclaté ici elle aurait pris immédiatement un
caractère national.

En France, dans des circonstances semblables, qui donc eût été mis fidèlement au
courant des incidents de la question, sinon
les lecteurs des grands journaux qui coûtent,
vous le savez, 50 et 60 francs par an. Il ne
faut pas craindre de le dire, cette situation
crée pour nous un véritable état d'infériorité.
Les Italiens comprennent si bien cette valeur
de la presse politique, qu'il paraît ici en langue française plusieurs journaux, mais fran-
chement italiens, quant à la ligne politique.
Tous les étrangers les lisent, et naturelle-
ment finissent par partager leurs opinions,
car c'est une vérité bien connue qu'on est
toujours de l'opinion de son journal, et ceci
ne peut que servir la cause italienne. Il se
publie même, depuis quelques jours à Rome,
une correspondance en langue allemande qui
présente ce même caractère. Tout ceci est
pénible à écrire, et il faut quelque courage
pour le faire, mais c'est presqu'un devoir.
N'oublions pas que les Italiens ont un grand
avenir devant eux, qu'ils le comprennent et
qu'ils veulent travailler à s'en rendre dignes.

C'est un sérieux danger en politique que de jeter en avant une idée si grande qu'elle puisse être, en ne donnant pas les moyens d'assurer son triomphe. L'histoire a prouvé que le plus souvent cette idée, déviée de son principe, devient l'occasion de troubles sérieux où succombent ceux qui en furent les promoteurs.

Dans nos sociétés modernes, où le gouvernement s'affirme de plus en plus, comme découlant du peuple lui-même, il existe une antinomie dangereuse, qu'il faudrait faire disparaître le plus rapidement possible.

Dans notre patrie, par exemple, où la capacité politique en matière de vote est la même pour chaque citoyen, on ne travaille pas assez à réaliser dans le domaine des faits ce qu'on a affirmé dans une théorie, qui n'est plus à discuter puisqu'elle est entrée dans la vie même de la nation, et qu'il est peu probable qu'elle en sorte. Je ne discute pas le suffrage universel comme moyen de gouvernement, mais puisqu'il existe, il faut le perfectionner comme la constitution qui est toujours perfectible. Il faut accepter la situation présente, et puisque la politique, de particulière qu'elle était dans ces temps voisins de nous, est devenue générale, efforçons-nous de lui donner un caractère profondément national. Mais nous ne le pourrons qu'à la condition d'une presse politique populaire, et non d'un journalisme trop élevé et ne s'adressant qu'aux classes aisées, lesquelles, ne l'oublions pas, ne jouent plus dans la vie du pays, le même

rôle qu'autrefois. Là est l'antinomie à laquelle je faisais allusion : en théorie, reconnaître le pouvoir politique comme émanant
du peuple entier ; en fait, laisser le plus
grand nombre dans l'ignorance de cette
puissance et ne point lui fournir les moyens
d'un bon emploi de cette force redoutable.

On a vivement discuté l'impôt à fixer
sur les matières premières, et pour l'honneur et la prospérité de ma patrie, j'espère
que ce projet n'aura aucune suite; à un point
de vue semblable, je déplorerais tout impôt
qui aurait pour résultat d'augmenter les
charges de la presse politique et de rendre
son développement plus difficile. Le timbre
m'a toujours paru un impôt sur une matière première en ce sens que le journalisme
est le premier moteur de la vie publique d'un
pays. A ce point de vue, il est à regretter que le papier ait à supporter des droits
plus élevés, car le journalisme ne peut pas
se maintenir sans de grands sacrifices, à des
prix assez modérés pour pouvoir atteindre
les classes peu fortunées. Dans les questions
d'économie politique, il ne suffit pas d'envisager un résultat immédiat, il faut savoir
faire certains sacrifices qui étonneront peut-
être au premier abord, mais qui seront ré-
compensés plus tard par des résultats autrement plus importants.

Dans cette question du journalisme, dont
je ne crois pas exagérer l'influence, le gouvernement italien aurait pu user du timbre
et d'un impôt sur le papier, alors surtout
que la question financière est si redoutable

pour un nouveau royaume. Cependant il
n'en a rien fait, et avec une entière raison, à
mon avis ; il aurait pu peut-être réunir
quelques millions, mais il se serait privé
d'une force d'action bien grande.

Ce sont là les renseignements qu'il est
permis de recueillir à chaque pas dans ce
pays si intéressant, qui est vraiment traversé
par un esprit nouveau.

VII

De l'alliance entre la Prusse et l'Italie. — A quelles
causes l'attribuer. — Rome. — L'Académie de
France. — Le Capitole. — La salle des empereurs et
le roi Victor-Emmanuel.

On a beaucoup parlé ces derniers temps
de l'alliance entre la Prusse et l'Italie : les
uns, fort au courant des affaires, la tiennent
pour faite ; les autres ne voient dans ces dires que des prétextes à nouvelles à sensation. Il est impossible de rien affirmer de
précis, car nous ne connaissons aucune marque officielle du traité d'alliance; cependant
il paraîtrait plus que probable qu'au moins
des démarches ont été faites dans le sens
d'une alliance offensive et défensive. De toutes manières, la conduite du cabinet italien
n'était pas sans être pénible pour notre politique française, car la possibilité même d'un
traité avec la puissance qui a été la cause de
nos malheurs, ne montre que trop combien
notre influence extérieure a perdu de son

prestige ancien. Hélas, c'est une vérité
amère qu'il faut s'avouer, pour ne point se
payer de mots, comme nous l'avons fait si
souvent dans le passé. Toutes nos forces
doivent se concentrer à l'intérieur pour pouvoir préparer, à ceux qui viendront après
nous, des jours meilleurs que ceux que nous
avons traversés. Mais comment une alliance
prussienne était-elle devenue possible, alors
qu'il existait une vraie sympathie en Italie
pour la France, alors que le souvenir des français morts pendant la dernière guerre était
encore si vivant partout? J'ai interrogé bien
des personnes, et voici ce que j'ai pu apprendre : « Vous avez le malheur, m'a-t-on dit,
d'avoir des hommes sans expérience de la
politique, qui sous l'influence d'un moment,
en proie à des excitations malsaines, peuvent
compromettre étrangement les affaires de
leur pays. De quel droit un homme comme
Mgr Dupanloup vient il traiter notre pays et
notre roi, comme il l'a fait en plein parle-
ment. Une nation ne supporte pas de pareilles paroles avec une tranquille facilité, non
certes à cause de l'homme qui n'est rien,
mais en raison du parti qui lui donne son
approbation. A un tel discours, il aurait fallu une réponse immédiate, l'envoi de M.
Fournier à Rome ; vous savez combien de
temps on nous a fait attendre ; n'étions-nous
pas en droit tant que votre ministre près de
notre gouvernement n'était, non pas même
arrivé, pas même choisi, de considérer la position comme menaçante? il n'y avait pas
là une ligne de conduite politique à deviner,

le simple bon sens nous amenait à nous tourner vers la Prusse qui était votre ennemie.
Aussi, à partir de ce moment, il n'y a eu
qu'une note dans les journaux italiens :
montrer dans la France une ennemie de l'u-
nité de la patrie, et citer chaque jour les
extraits de journaux qui pouvaient le prouver. Vous savez si sur ce point vos journaux
cléricaux pouvaient leur offrir une mine
bonne à exploiter, et ils n'y ont pas man-
qué.

« Ceci vous expliquera le revirement si
subit qui s'est opéré dans notre politique
extérieure, et nous en avons éprouvé un
profond regret, car nous avons plus de rapports de caractères et de tendances avec
votre pays qu'avec aucun autre. Mais comment persister dans une affection, alors
que chaque jour nous pouvions recueillir un
témoignage de la haine du parti ultramontain dans votre pays, et qu'il nous fallait lire des documents semblables aux
pétitions de vos évêques ? Sur ce point le
sentiment a été unanime dans notre pays.
Du reste, nous nous souvenons dans notre
Italie de ce que vaut la politique des prêtres, nous n'ignorons point les ressources
sans nombre dont elle dispose, et par habitude sage nous prenons des mesures en
conséquence ».

Tel est le langage que vous entendrez ici,
et peut-être n'est-il point inutile de le signaler, car il indique, en même temps, la
manière dont il faut atténuer les erreurs du
passé. Aussi, et je vous l'ai déjà écrit, le

parti libéral doit considérer le choix de M.
Fournier comme excellent, en ce sens que
notre nouveau ministre étant un homme de
franche et loyale parole, pourra rassurer
les esprits. Du reste, le ton de la presse
italienne a sensiblement changé, depuis que
M. Fournier a nettement accentué les intentions de notre gouvernement de ne rien
changer à l'ordre des choses.

On a beaucoup dit que la position de
notre ministre serait difficile, et cela est
vrai, à cause même de la présence de M.
d'Harcourt à Rome. Mais ce qui fera la
force de M. Fournier, c'est son entière fran-
chise, caractère essentiel de sa ligne politique, qui a déjà été fort remarqué ici. Autant
M. d'Harcourt, froid, réservé, se taisant,
faisant parler les autres, a une politique
de tradition ancienne, autant M. Fournier,
ouvert, généreux, ne cachant pas ses pensées, a une politique loyale, après tout la
seule digne d'un représentant d'un peuple
libre.

C'est de Naples que je vous écris, et cependant c'est de Rome que je veux vous
parler, car il ne faut pas se laisser aller à
l'impression du moment si bonne qu'elle
puisse être, mais plutôt sagement la raison-
ner. Ceci est vrai surtout à propos de
Rome qui, au premier abord, fait éprouver
une singulière déception. On se demande
si en vérité c'est bien là, la ville éternelle,
cette Rome dont l'histoire a été pendant
tant de siècles, celle de notre humanité; mais
au bout de peu de temps, cette impression

s'efface pour ne plus permettre que l'ad
miration , car aucune ville ne peut offrir à
la vue cette incroyable richesse de monuments d'époques si diverses et d'une beauté
si rare. Mais on se prend à regretter que
Rome ne soit pas plus fortement éclairée
par un fleuve dont les bords larges, dont les
eaux claires couperaient ce fouillis incroyable de belles choses. Le Tibre n'est,
en effet, qu'un petit fleuve aux eaux jaunes
et bourbeuses, qui, semblant honteux de
lui-même, se glisse entre les hautes maisons qui bordent ses rives pour s'en aller se
perdre dans la mer.

La plus belle vue de Rome, à mon avis, est
celle que l'on a depuis la terrasse qui domine l'Académie de France ; on embrasse,
en effet, à l'Ouest les nobles montagnes
d'Albe et de la Sabine au Nord que dominent encore les ruines du temple de Jupiter
latin, pendant que du pied des hauteurs jusqu'aux murs de la cité, s'étend cet Agro
Romano, dont la grande et triste poésie est
si célèbre.

A l'Est, le Vatican et Saint-Pierre qui
dresse majestueusement son grand dôme
dans les airs, tandis que la ville tout entière
présente ses monuments sans nombre, et
que le regard va du Quirinal au Capitole
pour ne plus s'arrêter qu'au Janicule que
couronne la superbe villa Pamphili Doria.
Aussi ceux qui voudront se faire une juste
idée de Rome, feront-ils bien de choisir ce
point de vue ; du reste, ils seront là en terre
française, car la villa Médicis est la pro-

priété de notre gouvernement depuis 1801,
et assurément c'est la conquête la plus
charmante et la plus durable que Napoléon
ait jamais faite. L'Académie de France, dont
le directeur actuel est M. Hébert, compte
vingt-quatre élèves qui sont entretenus aux
frais de notre gouvernement dans la plus
agréable demeure qui se puisse imaginer,
et il n'est assurément rien qui puisse mieux
favoriser le développement artistique que
le milieu dans lequel ils vivent. Ce que
j'aime à l'Académie de France, c'est le petit
bois qui se trouve à gauche de la villa ; on
ne saurait trouver rien de plus poétique et
de plus mystérieux que ces belles allées où
dans l'ombre se dresse çà et là une statue
antique, qui semble une divinité du lieu,
puis ces fouillis où la nature sans être corri-
gée par la main d'un jardinier, laisse les
plantes et les fleurs croître à l'aventure dans
un charmant désordre. C'est près de ce petit
bois que s'élèvent les ateliers des artistes qui
peuvent trouver facilement ce silence et ce
recueillement qui favorisent le libre épa-
nouissement de l'art. En un mot, croyez
qu'il n'est rien de charmant comme la villa
Médicis, et que je serais prêt, pour ma part,
à céder une colonie de sauvages à l'Italie,
plutôt que de perdre notre Académie de
France à Rome.

On m'assure qu'il y a actuellement à l'A-
cadémie, plusieurs jeunes gens qui donnent
de belles espérances et promettent de sortir
de la ligne moyenne.

En parlant des endroits d'où Rome

s'offre au regard sous le plus magnifique aspect, il faut citer encore et surtout la vue depuis *San-Pietro in Monteorio*, d'où on aperçoit plus distinctement que de la villa Médicis, toute la partie de la ville où se trouvent les grands débris de l'antiquité ; et ensuite le panorama remarquable qui se déroule sous les yeux depuis le *Belvédère du Vatican*. Il me semble qu'avant de chercher à rien connaître de Rome en détail, le mieux est de l'étudier ainsi, pour se faire une idée juste de ce que peut être cette ville à laquelle rien ne peut être comparé.

Je considère comme un privilége la liberté que vous me laissez de parler non-seulement de politique, mais aussi d'art ; et, sans en abuser, j'essayerai cependant de rappeler quelques souvenirs de mon séjour à Rome, et de faire comprendre comment rien de l'admiration accordée pour l'ordinaire n'a sa source dans la convention ou la tradition Parmi les monuments de la Rome ancienne, le plus célèbre était le Capitole. Pour ceux qui furent initiés aux lettres, *nutritus litteris*, comme on disait, le nom seul du Capitole apparaît comme quelque chose de grand et de majestueux, et assurément rien n'est plus juste si on reconstruit le Capitole tel qu'il devait être autrefois avec l'arx, le temple de Jupiter et le Tabularium, et si l'on songe à la vue merveilleuse que l'on devait avoir sur le Forum et le Colysée il est certain que rien ne devait égaler en beauté cet assemblage d'édifices superbes qui devait proclamer bien haut la grandeur et la majesté du peuple romain.

De nos jours, lorsqu'on vient du Corso ou du Gesù, on monte ce grand escalier que dominent les statues colossales de Castor et Pollux, pour arriver à la place du Capitole au centre de laquelle se trouve la statue équestre d'Adrien, admirable, disent les uns, assez faible d'exécution à mon avis. Il n'a fallu rien moins que tout le génie de Michel-Ange pour rendre cette petite place du Capitole digne des souvenirs d'autrefois, souvenirs qui l'écrasent encore, alors surtout que pénétrant au musée des Antiques, on a en quelque sorte vivant devant soi ce glorieux passé. Je ne prétends pas me faire dans une correspondance de journal un cicerone, et agir avec ceux qui me lisent, comme avec des visiteurs de musées, mais cependant, il faut bien dire que rien n'égaie au monde la splendeur des collections de Rome au point de vue de l'antiquité, et que je ne saurais mieux vous en donner une idée, qu'en vous disant qu'ici il y a plus de vingt familles qui possèdent chacune plus d'antiques que le musée de Nîmes. Je vous laisse à penser ce que peuvent être des collections comme celle du Vatican, du Capitole, de la villa Borghèse, de la villa Albani et tant d'autres qu'il me faudrait nommer. Il y a au Capitole une salle intéressante au dernier degré, et ceux-là seuls qui aiment l'histoire comprendront la juste émotion que l'on peut éprouver en entrant dans la chambre dite des empereurs. Elle contient la

collection complète des bustes de ces hommes dont les noms ont été unis à toute l'histoire du peuple romain. L'artiste grec ou
romain aima la nature et jugea que le su-
blime de l'art était non de la corriger, mais
de la reproduire fidèlement. Aussi, en évo-
quant les souvenirs du passé, et en considé-
rant ces bustes, on peut reconnaître la véra-
cité de ces grands historiens qui nous ont
dépeint ces maîtres de Rome avec leurs
fautes et leurs vertus. Combien il serait à désirer que dans toutes nos villes de France
vous possédions un fac-similé de cette précieuse collection, car rien ne peut mieux
faire servir à une sérieuse intelligence de
l'histoire.

Cette salle des empereurs a, dans l'his toire moderne, un intérêt particulier, car ce
fut de cette chambre en effet que le roi ap-
parut pour la première fois au peuple de
Rome qui salua par de longues acclamations
celui qui, après tant de siècles, relevait le
royaume d'Italie et l'appelait à des destinées
dignes d'un passé illustre entre tous. Victor-
Emmanuel restera l'une des figures les plus
considérables de l'histoire de ce temps, car
il a personnifié le développement de l'unité
italienne. Assez diversement jugé en France, et surtout de la manière la plus malveil-
lante par les cléricaux, il n'en reste pas
moins un politique de valeur, un galant homme pour parler comme les Italiens qui, les
premiers, reconnaissent en lui non pas un
homme providentiel, mais un roi à la hauteur d'une mission délicate et difficile. L'his-

toire de la fortune de la maison de Savoie
serait intéressante à raconter ; elle s'est faite,
pour ainsi dire, malgré la volonté des princes de cette famille. Victor-Emmanuel a longtemps hésité à venir à Rome, il redoutait
l'avenir et se sentait comme arrêté dans cette
marche victorieuse par des traditions res-
pectables. La maison de Savoie a toujours
été religieuse et compte même des saints
parmi ses ancêtres. Un jour cependant il prit
sa décision, et n'étant point homme à recu-
ler, il partit pour Rome : c'était au moment
même des grandes inondations ; il arriva
dans sa capitale à l'improviste. Mais lorsque
la nouvelle fut connue, malgré l'orage, malgré la tempête, tout Rome fut sur pieds pour
recevoir son nouveau roi. Il était là sans garde, sans escorte. L'enthousiasme ne connut
plus de bornes, et la presse romaine n'eut
garde de faire de comparaisons entre cet ex-
communié qui venait secourir les inondés du
Tibre, et le vicaire de Jésus-Christ qui, en-
fermé dans son Vatican, saluait l'inondation
comme une marque des vengeances célestes
et se serait fort gardé de venir en aide à
ceux que le ciel punissait d'une si belle
sorte. Mais les cléricaux ont une interpréta-
tion des temps qui leur est particulière, et
ne peuvent pas expliquer à notre gré les inondations qui ont eu lieu sous la domination
papaline. Pauvres augures, je les plains
sincèrement, car ils n'ont plus même ce loisir
agréable des augures d'autrefois, de rire entre eux. — Mais si vous le voulez bien, nous
retournerons prochainement au Capitole.

VIII

L'île de Capri et la grotte d'Azur. — Le Monte
Tiberio. — L'Ermite. — L'albergo Pagano.

De l'île de Capri, 12 avril.

Le nom de l'île de Capri, d'où je vous
écris, est assez célèbre pour me laisser la
liberté de ne pas refaire son histoire, et
cependant j'en aurais le loisir, car une tempête nous prive de toute communication avec
le continent. Tout ce qu'on sait du vieux
monde, c'est que le Vésuve fume et que les
tourbillons immenses de blanche fumée qui
sortent des cratères sont emportés au loin
par un vent furieux. Aussi, c'est dans le
calme absolu de mon isolement que je vais
vous adresser ma correspondance habituelle
par le premier bateau qui réussira à quitter
Capri, et laissant de côté politique ou litté-
rature, en véritable insulaire, je ne vais
parler que de mon île.

Si Tibère avait choisi Capri pour résidence, ce n'était sans doute point à cause
de sa merveilleuse situation à l'entrée du
golfe de Naples, mais pour se mettre à l'abri
des entreprises des pauvres égarés, qui
croient assurer les triomphes du droit en
demandant au crime de les aider dans cette
œuvre. Il est impossible, en effet, d'aborder,
sinon en deux endroits appelés aujourd'hui,
le premier, la Marina, près duquel se trouvent les ruines de ce qu'on appelle encore

les Thermes de Tibère, et le second la Piccolla
Marina, situé à l'extrémité opposé. L'île,
comme on le sait, est due à un soulèvement
calcaire, et ses parois présentent le caractère
propre à ces soulèvements, de s'élever à pic
et au dessus des flots de la mer à une grande
hauteur. Tibère pouvait donc dans une tranquille paix se livrer à ses tristes plaisirs,
pour la description desquels la plume hardie d'un Suétone est à peine suffisante. Mais
puisque les vents et les flots me font des
loisirs, je vais m'essayer, après tant d'autres,
à vous raconter dans ses détails, pour si
simples qu'ils soient, mon excursion à Capri.
— On va à l'île de Naples ou de Sorrente ;
cette dernière route est préférable, étant plus
courte et donnant une idée plus juste des côtes du golfe et de tous les détails du rivage.
Ce fut donc de Sorrente, dans un petit bateau
dirigé par l'excellent marinier Gennaro
Cappalé, que je me dirigeai vers l'île dont
les pointes élevées s'élancent si hardiment
des eaux vers le ciel.

Déjà Sorrente disparait, car nous allons
doubler le cap de Massa; adieu donc, Sorrente
la belle; les eaux bleues de ton golfe, viennent mourir aux pieds de tes grandes falai-
ses, pendant que, dominant le rocher, l'o-
ranger étale à tous les yeux ses fruits d'or;
adieu encore Sorrente, tu es belle entre toutes, et sortant du sein des flots, dans cette
nature remplie des souvenirs du passé, tu
évoques pour nous le souvenir de cette
déesse des temps disparus, qui, sortie de l'é-
cume des mers dans son orgueilleuse beauté

savait que rien ne pouvait lui être comparé.
Devant nous une barque occupée par des
allemands, mais Gennaro et son ami Ferrala,
sont de hardis marins, et sous leurs vaillantes mains, les rames dévorent l'espace; aussi
nous l'emportons; petite victoire, et cependant le sentiment de la supériorité, même en
une telle occasion est doux à éprouver. L'île
se détache plus nettement à l'horizon, et les
détails deviennent plus distincts, la mer en
même temps s'agite, le temps semble devoir
changer, il faut aller promptement à la fameuse grotte d'azur, sinon il sera trop tard,
et les vagues en boucheront l'entrée. Je ne
vous dirai pas quand et comment la grotte
fut découverte, car la question est pendante,
et on pourrait faire une fort belle dissertation
sur ce sujet, car il semble qu'elle a été connue du temps des empereurs; un auteur grave paraît y faire allusion dans une histoire
de Naples, publiée en 1605 ; un allemand
l'aurait découverte en 1822, deux anglais en
se baignant auraient trouvé la même grotte,
enfin un pêcheur revendique le même honneur. Les français ne voyageant pas, sont désintéressés dans cette question de critique
historique, difficile à résoudre, bien que ses
éléments datent d'une époque assez rappro-
chée de la nôtre, et ceci nous montre avec
quelle prudente sagesse, il faut éviter de dé-
cider, avec l'aisance d'une certaine école, sur
des événements infiniment plus reculés dans
l'histoire et d'une portée tout autre.

Quoiqu'il en soit, la *Grotta azurra* existe,
et il n'est point de touriste sérieux qui ne

5

tienne à honneur de la visiter. Elle est située
au pied de la grande paroi de rochers qui regarde Naples, et elle présente une entrée qui,
au premier abord, peut permettre une hési-
tation bien légitime, car elle a mauvais air,
et il semble que ce doit être là, cet antre de
Cacus qui était en si triste réputation autrefois, et encore on savait comment on y entrait;
mais à la grotte d'azur, on devine à peine la
manière de pénétrer, et pour peu que la mer
soit houleuse, il est facile de se persuader
qu'on n'en sortira pas. Il faut se coucher au
fond d'un petit bateau en ayant soin de ne
laisser passer au-dessus du bord, rien qui
appartienne à votre personne ; un marin se
tient debout à l'avant, et au moment favorable d'un élan vigoureux fait pénétrer la petite
nacelle dans la grotte.

La surprise est grande de se trouver non
pas dans l'obscurité, mais dans une caverne
dont les parois sont doucement éclairées
d'une lueur bleuâtre, tandis que les eaux
que traverse une lumière mystérieuse, apparaissent du plus bel opale qui se puisse
voir. Il ne faut rien exagérer , c'est d'un
effet fort curieux et même beau, mais cependant la grotte d'azur est une de ces cu-
riosités à voir une fois, et non pas plus. Un
petit vieux fort laid, et qui inspire un vrai
sentiment de compassion, offre aux visiteurs de la grotte, de se jeter dans les eaux,
afin d'offrir en spectacle son corps argenté
par la singulière lumière de la caverne. On
m'a dit la chose digne d'être vue, mais ce
petit vieillard rapace, qui pour 5 fr. voulait

se jeter dans les eaux glacées, m'inspira un
sentiment de répulsion, et je refusai nettement, ce qui l'étonna au dernier degré ,
parce que leurs Excellences les voyageurs ne
se refusaient jamais cette grande satisfaction. Encore s'il s'était agi d'un de ces Ca-
priotes, vrai fils des Romains de la Grande
Grèce, aux formes nobles et sérieuses, mais
voir cet affreux vieillard, rabougri, rachiti-
que se mouvoir dans les ondes, cela n'était
pas possible. Il est difficile de comprendre
comment une telle barbarie puisse se tolérer encore, comment ce vieux risque sa vie
de gaîté de cœur , alors qu'il suffirait de
prendre des réductions ou des copies des
plus célèbres marbres de Rome et de Naples,
et de les plonger dans les eaux azurées de
la grotte pour obtenir un spectacle autrement beau, et qui laisserait des impressions
moins pénibles. Mais le vent avait fraichi ,
parfois les vagues fermaient complètement
l'ouverture, et on pouvait redouter quelque
aventure; aussi. couché de nouveau au fond
de la barque, nous attendons l'occasion pro-
pice, et au moment où la vague se retire
notre conducteur fait passer à la petite nacelle l'étroite ouverture.

Il était temps, une heure plus tard, les
vagues fermaient l'entrée de la grotte d'azur
pour de longues journées.

On aborde ordinairement à Capri, au
port appelé la *Marina*, où se trouvent les
quelques barques de pêcheurs de l'île, et ce
prétendu port est si peu sûr qu'on est
obligé de héler fort avant sur les galets, les

embarcations. La capitale de Capri, se
trouve à une bonne demi-heure du port, et
il faut arriver par une forte montée; du reste
on ne peut que monter et descendre en
cette contrée, et si peu agréable que cela
soit, cependant il est impossible de ne pas
l'aimer. Pourquoi? on le comprendra plus
tard. Capri, n'est pas un endroit comme
un autre, et dès la première heure on n'y
est plus un étranger.

Voilà une correspondance qui est peu politique, mais comment faire de la politique
à Capri, alors qu'à l'Albergo *Pagano* on est
au milieu de cette belle nature qui semble
unir l'Italie à l'Afrique. L'hôtel Pagano n'est
pas une vulgaire auberge; il est destiné à devenir célèbre, car, chaque année, il s'enri-
chit de nouveaux trésors. Les artistes l'aiment, et il n'est pas un de ceux qui le visitent qui ne veuillent l'illustrer d'un souvenir.
Pas un panneau de porte qui ne soit couvert
d'une esquisse de peintre connu ou dont le
nom le sera bientôt : c'est Hamon, J. Sain,
Lutteroth, J. Benner, qui ont donné à ce
charmant hôtel une illustration que beaucoup
de riches ne pourraient payer. On rencontre l'expression de la joyeuse humeur de ces
artistes, mis en grande gaieté par le riant
soleil d'Italie, dans des compositions d'une
humour achevée, comme aussi la vivante
trace de leur pensée remplie de poésie par
ces sites enchanteurs, dans des dessins char-
mants de grâce et d'imagination. Ensuite, on
est *at home* dans cet hôtel, on est chez soi,
et c'est comme un doux repos après un long

voyage. On aime donc Capri à cause de sa
poésie sauvage et douce qui ne se rencontre
point en d'autres lieux. Ce rocher, désert
en ses sommets, à peine peuplé en ses val-
lons, admire par le contraste étrange d'une
nature, ici aride, là, offrant toutes les splendeurs de la végétation africaine. Les habitants de Capri sont bons et doux et murmu-
rent avec une grâce si charmante leur éternelle parole: « *Signor, date mi una baioque,* »
qu'on se ruinerait pour eux avec plaisir.
Non, ils ne sont pas mendiants, car ils demandent simplement, comme ils donneraient
à l'occasion ; ceux-là même qui sont à l'aise
demandent la baioque, et j'ai vu de grandes
et belles filles, avec des colliers d'or, sollici-
ter l'offrande nationale. C'est en ce doux
pays, la patrie sans doute de la pauvre Mi-
gnon, qui chantait de sa voix triste et plain-
tive la chanson si connue : *Connais-tu la ter-*
re où les citronniers fleurissent..., » que la
tempête m'a retenu pendant de longues journées.

Le vent soufflait avec violence, et les flots
de la mer venaient avec un grand murmure
se briser aux pieds des rochers, mais le ciel
restait pur ; alors, à pas lents, je me dirigeai à travers les villas. vers le *monte Tibe-*
rio où le tyran avait établi ses palais, sur les
ruines desquels s'élèvent maintenant la
chapelle et la demeure d'un pauvre ermite.
Qui donc se lasserait du spectacle qui s'offre
au regard depuis ces hauteurs. A la gauche
Ischia protége comme une fidèle gardienne
l'entrée de son beau golfe, dont Procida in-

dique le chemin aux hardis marins. Dans le lointain, le cap Misène, et plus près Pausilippe, que domine le tombeau de Virgile. En face, n'est-ce pas *Napoli la gentile* qui, dans son insouciante splendeur couvre les rivages de son golfe, de la profusion de ses villas et de ses palais.

Plus loin, dominant la plaine et les flots, le Vésuve, comme jaloux de laisser un tel spectacle dans l'ombre des nuits, jette ses torrents de feu, pour tenter d'en faire revivre les beautés dans l'obscurité du soir.

Castellamare, comme Vico, comme Sorrente, doucement endormies au sein des grands bois d'orangers, se laissent deviner pendant que sur la droite, la côte dans une courbe harmonieuse, détaille les beautés du rivage ; un regard au loin, et nous devinons Salerne, et les grandes côtes sauvages où dorment, dans leur majesté antique, les grands temples de Pœstum, tandis que plus loin encore, la mer bleue, ferme l'immense horizon. Maintenant, colorez ce paysage sans rival de toutes les chaudes couleurs du ciel italien, et vous comprendrez l'affection qu'on peut éprouver pour Capri.

C'est un heureux homme que cet ermite du Monti-Tiberio, s'il connaît son bonheur, « est-ce que ce séjour est favorable à la santé, lui ai-je demandé? »—« C'est meilleur pour le salut, m'a-t-il répondu. » C'est sa manière à lui de gagner le ciel, il le croit, et je ne sais qui tenterait l'entreprise de le dissuader ; au moins, il ne troublera pas les masses, il n'excitera point les passions po-

pulaires, il veut faire son salut, c'est là son
ambition. L'ambition, si souvent dangereuse
pour la plupart des hommes, devient terrible lorsqu'elle monte au cœur du prêtre ;
cet homme seul, sans le précieux tempérament de la famille, ne verra que son but à
atteindre, et il faudra que, dans la poursuite
de ce but, il éprouve toutes ces émotions et
toutes ces joies propres aux ambitieux.
Combien d'hommes, dans notre clergé,
éprouvent ce besoin âpre et violent de la domination à un plus haut degré que les autres ! La raison n'en est-elle pas à cet état
anormal qui fait du prêtre un être à part,
qu'il le veuille ou qu'il ne le désire pas. On
retrouve toutes les passions du cœur humain
sous une soutane de prêtre ou un camail
d'évêque, et ils vivent trop au milieu des
hommes pour n'éprouver point leur faiblesse
ambitieuse ; ils le seront, hélas ! sans fran-
chise, car la religion couvrira un peu de
son manteau royal ce qu'il y a d'humain
dans leurs aspirations et leurs désirs. Comme
je comprends à merveille et sans besoin d'ex-
plications, cette parole d'un jeune officier
devenu prêtre « une crosse d'évêque vaut
mieux qu'un bâton de maréchal. » L'ambition religieuse semble être permise, et cependant, elle est la pire ennemie de la religion ; mon pauvre ermite n'est pas ambitieux, il vivra dans son obscurité cherchant
à faire son salut.

A sa place j'aurais désiré un de ces
bouillants évêques de France, qui toujours,
luttent contre l'abominable hérésie moderne

qui menace le sanctuaire, afin qu'il pût se
convaincre de cette vieille vérité , qu'en
religion, l'habileté et l'ambition , n'ont jamais amené que des défaites, tandis que la
simplicité et l'amour des âmes ont rendu la
religion respectable et digne d'être aimée.
Comme mon brave ermite du Monte-Tiberio,
il viendrait apprendre qu'après tout l'impor-
tant c'est le salut des âmes et non le rétablissement du pouvoir temporel , et qu'il
vaut mieux persuader les Français de se
préparer dans le silence à une revanche
morale , que d'agiter stérilement un pays
dont l'infortune est si grande, pour une cause
perdue sans retour. Cette lettre devient
d'une longueur inquiétante, et cependant
je ne peux me résoudre à abandonner Capri , et vous me permettrez d'en parler
encore.

P.-S. — Florence, 17 mars. Ce n'est
qu'ici que j'expédie cette lettre. Pendant que
je vous écrivais dans la tranquillité, il se
passait à Rome un événement que les journaux catholiques exploitent au profit des
papalins. Un gendarme pontifical a été tué
dans un des faubourgs de Rome à la suite
d'une rixe. C'est là un prétexte pour une
de ces agitations pieuses dont l'usage est si
familier à la cour de Rome, mais heureusement le bon sens public fera justice de cette
manière d'agir , en condamnant hautement
les assassins, mais en n'élevant pas cette
affaire à la hauteur d'un débat où les principes seront engagés.

IX

De la formation de l'Etat en Allemagne et en Italie.—
Le langage des journaux religieux. — Paroles de
Pie IX. — Le *Catholique*. — Éruption du Vésuve.

Il y a maintenant en Europe deux Etats
qui, à la suite d'une grande fortune, ont vu
leur importance augmenter d'une manière
si rapide qu'elle a surpris ceux-mêmes qui
ont une longue habitude des choses politiques. L'Allemagne, à la suite de la guerre de
1870, a pris pour la première fois pleine
possession de ses destinées, en même temps
que l'Italie, en raison de ces mêmes circonstances, se donnait Rome pour capitale. Ce
sont-là deux faits d'une importance trop considérable pour avoir besoin d'être signalés,
mais nous devons nous souvenir que nous
assistons à ce spectacle, bien rare dans l'histoire, de la formation de deux nationalités,
et qu'il faut suivre avec le plus grand soin,
les efforts qui vont être tentés pour consolider ce qu'on serait porté à appeler une surprise, tant les événements se sont précipités
pour achever une œuvre qui pour l'ordinaire
demande des siècles. Les deux pays devenus
des nationalités ne possédent ni l'un ni l'autre, ce que nous appelons à proprement parler l'Etat, c'est-à-dire l'ensemble des institu-
tions de gouvernement, et c'est de ce côté que
doit se diriger toute leur politique intérieure.
Une aspiration commune a poussé en Italie
comme en Allemagne, les diverses popula-

tions à la fondation d'une unité nationale; en
principe, le fait est accompli, mais il ne faut
pas en rester-là, et l'action des hommes politiques doit tendre à la constitution d'un
état de choses qui rende cette unité un fait
constant.

En Allemagne, l'idée d'Etat apparaît comme un fait entièrement nouveau ; jusqu'en
1848, l'ambition de la Prusse excite plus de
haines qu'elle ne rencontre d'adhésions, et
il faut tous les événements qui se sont dérou-
lés depuis cette date pour qu'on lui pardon-
ne de s'être faite l'artisan de la fortune de la
patrie alllemande. Aujourd'hui il s'agit de
constituer un pouvoir central chargé de diriger les affaires du pays; la politique extérieure n'a plus qu'un rang secondaire, tout
l'intérêt se concentre dans l'organisation de
l'Etat. Il n'est nul besoin de parler de l'Etat
en France ; ce serait nommer ce système de
centralisation contre lequel s'élèvent de justes critiques.

Les Allemands nous imiteront-ils et, à leur
tour, feront-ils de Berlin une capitale qui
absorbera toutes les forces vives du pays aux
dépens de la province. Cela me semble peu
probable , car d'après les informations les
plus récentes , le parti national paraît for-
muler ses désirs en ce sens, que l'Etat ne se
charge que des attributions générales , et
laisse à la province la libre délibération sur
ses affaires particulières. Les Allemands
comprennent depuis longtemps qu'une vie
politique est nécessaire dans le pays entier,
et qu'il serait dangereux de faire de la capi-

tale le centre absolu des affaires. Aussi ,
ne devons-nous pas nous faire illusion ;
en vain ou aura dit : le césarisme a passé le
Rhin , l'absolutisme règne à Berlin ; cela
n'est pas, et c'est fort peu connaitre l'Allemagne que de vouloir prédire sa décadence
sur ces mots si faciles à dire, et peut-être
agréables à entendre. Il serait plutôt intéressant de suivre la formation d'un Etat
nouveau en Europe, qui semble devoir concilier les intérêts des provinces et les affaires générales du pays, ne point affaiblir la
vie municipale et cependant constituer un
pouvoir central. Les Allemands semblent
pleins de confiance dans la réussite de ce
plan et en attendent les meilleurs effets pour
l'avenir de leur patrie.

La même question se pose en Italie, et il
est difficile de préjuger la solution ; mais
j'ai entendu des hommes de sens redouter
qu'il ne soit porté atteinte à l'autonomie des
différentes provinces qui forment le nouveau royaume, et cela au profit d'une centralisation qui rappellerait notre système
français. Il faut espérer pour l'avenir de ce
pays qu'une semblable faute sera évitée, et
qu'au lieu de centraliser on répandra la vie
politique dans l'Italie tout entière. Lorsqu'on
se prend à songer à la ligne politique suivie
en France ces derniers temps une impression douloureuse en est la suite bien
naturelle. Qu'on n'oublie pas qu'en Allemagne comme en Italie , tous les partis politiques se sont effacés devant le but à atteindre, et qu'on a supporté des hommes et

un gouvernement qui n'étaient pas sympa-
thiques à plusieurs dans la seule crainte
d'apporter des éléments de ruine pour l'a-
venir de la patrie. Aujourd'hui, lorsque
l'ennemi est encore dans le pays, lorsqu'il
nous entoure de tous côtés, de mesquines
luttes de partis et d'hommes sont la grande
affaire du moment ; c'est plus que triste, car
la honte et l'amertume viennent se joindre
à tout ce qu'on éprouve de douloureux. De
quel effet pensez-vous que soit à l'étranger
un procès comme celui du général Trochu
contre le triste journal que pas un Français ne devrait lire ? Vous n'entendez natu-
rellement pas ce qu'on dit au dehors, mais
il est dur de lire des paroles de pitié pour
un pays comme le nôtre.

Que voulez-vous répondre à ceux qui s'é-
tonnent de voir la presse française préoccupée de savoir si les princes ont été à l'Ely-
sée, et accueillant avec avidité les commen-
taires du *Journal de Paris* sur l'attitude de
ces députés. On en arrive à nous demander
si nous avons oublié que les Prussiens sont
à Nancy, et que l'Alsace ne nous appartient
plus. Mais ce qu'il y a de certain, nous dit-
on, c'est que vous n'oubliez pas le Saint-Père
On reproduit à l'envi les sottises de l'*Univers*, qui écrit par exemple, tout simplement, qu'un certain Tognetti, qu'elle traite
de chef de brigands, dîne souvent au Quirinal à droite de la princesse Margueritte ; et
conscience, comment voulez-vous que les
Italiens acceptent de pareilles choses, et que
dirions-nous si on s'avisait d'insulter de la

sorte une personne qui occuperait une position considérable dans notre France, et notez que la princesse est aimée et respectée de tous. Tout ceci vient de cette déplorable affaire de la Porte Cavalleggieri, qui a été exploitée outre mesure par les journaux cléricaux ; tenez pour certain que le plus affecté de la chose est le gouvernement italien, et qu'une justice prompte et sévère sera faite. Il m'est bien difficile de comprendre comment le Saint-Père lui-même peut donner l'exemple d'une violence de langage, qui étonne à juste titre chez celui qui se dit le successeur de saint Pierre. En voici une preuve, c'est le dernier bref lu à Sainte-Marie-sur-Minerve , je ne cite que le commencement : « Depuis le jour où, par une mystérieuse disposition de la divine Providence, *un hideux torrent d'hommes remplis de perversité et vomis par l'enfer s'est répandu violemment dans ce centre de la foi catholique.*» Je ne continue pas, il est encore parlé de *toutes les scélératesses de ce parti.* Il est vrai que cela est écrit en latin, mais j'en prends la traduction littérale dans le *Catholique* de lundi dernier 15 avril. Le *Catholique* est un nouveau journal ultramontain, publié en langue française à Rome, pour défendre la sainte cause, car cela était devenu nécessaire ; onze journaux libéraux, nous dit la rédaction de la feuille pieuse, onze journaux français, vendus (ils sont toujours vendus, cela va de soi) au ministère, ou soutenus par la Révolution, portant aux quatre coins du monde leurs relations sou-

vent mensongères sur les événements
qui se déroulent autour du Vatican, au
sein de la ville éternelle, la rédaction aime
à espérer que les vrais catholiques prêteront
un concours efficace à la susdite feuille en
prenant des actions. C'est une chose assez
étrange, que de voir l'ultramontanisme réduit à cette pauvre défense et cela à Rome ;
du reste, nous devons nous attendre à bien
des choses qui nous surprendront plus encore.

La saison a été plus brillante que jamais,
on avait rarement eu à signaler pareille af-
fluence d'étrangers, et tout ceci a été fort
désagréable au Vatican ; on aurait voulu voir
la ville déserte et cependant le contraire
s'est produit.

Des rois, des princes, sont venus rendre
visite à Victor-Emmanuel On a illuminé le
Pincio, et éclairé la capitale et le Colysée,
les fêtes ont été nombreuses ; en somme,
ceux qui boudaient au Vatican étaient dé-
solés de voir que cela n'empêchait en rien
les autres de se livrer à leurs plaisirs. La
campagne de cet hiver a été mauvaise pour
les amis du temporel.

Ma dernière lettre vous a laissés à Capri,
et cette île m'est si chère que je voudrais en
parler encore; cependant il vaut peut-être
mieux vous donner quelques détails sur la
dernière éruption du Vésuve. J'ai voulu
m'en rendre compte et au lieu de faire l'ascension de jour, je préférai ne monter
qu'au soir. On va au Vésuve ordinairement
de Résina en s'arrêtant à l'ermitage et en

gravissant de là jusqu'au sommet; on peut y monter aussi du côté de Pompei, et c'était la route que nous avions choisie. Montés sur des chevaux habitués à ces courses étranges, nous quittions Pompei, près de cet endroit célèbre, où furent découvertes la maison de Diomède et la villa de Cicéron.

La route traverse d'abord une riche plaine avant d'arriver au village où ceux qui vont faire cette dure ascension, mettent en réserve des forces, en prenant de ce fameux vin du Vésuve, appelé comme on sait Lacryma-Christi, qui semble conserver en lui-même comme un éclair des feux souterrains qui touchent de si près le sol sur lequel il se produit. Maintenant, en route; quelques instants encore et nous dirons adieu à la végétation pour ne plus voir çà et là que quelques petits ilots de verdure, perdus au milieu des grandes traînées de lave. Tout devient sombre, il semble que la nature subisse avec impatience l'action mortelle du feu; au loin, les villages se noient dans l'obscurité mystérieuse du soir, Capri s'enfonce peu à peu dans la grande mer et s'enveloppe doucement d'une vapeur rose, qui bientôt va pâlir et laissera à peine soupçonner le lieu où elle repose. Castellamare s'illumine et les feux de Torre de l'Annunziata se jouent dans le pur miroir de la mer. Tout devient silencieux, nous montons lentement, la fumée du Vésuve reçoit les derniers baisers du soleil et s'illumine d'une auréole de pourpre. On entend encore quelque vague ru-

meur qui monte de la plaine. L'*Angelus* laisse
venir jusqu'à nous ses dernières volées, la
nuit est venue; nos chevaux d'un pas sûr
et lent gravissent la côte couverte de scories
et de cendres ; déjà nous pouvons apercevoir une légère fumée se détacher d'un
cratère et caresser les flancs de la montagne pour aller se perdre dans la grande
colonne de fumée qui s'échappe de la principale ouverture du volcan. Le moment est
venu de quitter les chevaux et de monter à
pied, un vent frais s'est levé, et la lune
éclaire de sa lumière amie la route que nous
allons suivre, et maintenant en avant et courage. Mon compagnon, malgré son âge, ne
recule pas devant la tâche, un guide le pré-
cède, lui tendant une corde secourable, tandis que deux autres le pousseront par derrière.

L'ascension est pénible, à chaque instant
le pied manque dans les cendres, et les scories s'effondrent sous la pression qu'on exerce en montant. La côte est raide et dure à
gravir, il faut s'arrêter souvent pour reprendre haleine, mais bientôt la route
devient plus facile, et un peu avant le sommet, nous passons à côté d'un petit
cratère qui ne date que de quelques mois
et d'où s'échappe une vapeur sulfurée.
Quelques instants encore et nous sommes
arrivés. Les vents se sont calmés, une
tranquille paix domine ces hauteurs désolées.
Le volcan vomit son énorme colonne de
fumée, éclairée à sa base d'une façon magnifique par les splendeurs du feu intérieur,

tandis qu'au bas du cône, comme un serpent
de feu , la lave sort brûlante et illumine de
ses rayons d'enfer les parois abruptes des
grands rochers. Seul un bruit sourd qui
semble sortir du fond même de la montagne
se fait entendre, et dans la majesté de cette
nuit admirable nous l'écoutons , et de la
hauteur où nous sommes placés, nous re-
gardons le nouveau cratère qui s'est formé il
y a quelques jours. Parfois , pendant de
longues minutes, il semble s'anéantir et
seul un léger filet de fumée trahit sa présence, mais tout à coup il s'irrite, et du sein
de la montagne des milliers de pierres in-
candescentes sont projetées au loin et illuminent le ciel comme une pluie de ces
météores, dont nous admirons dans les belles nuits d'été, les courbes harmonieuses.
Spectacle grandiose dans l'obscurité des
nuits, et dont le souvenir ne peut se perdre
pour ceux qui en ont été les témoins.

Sous nos pieds le sol est brûant ; à chaque instant le sommet du volcan se couvre
d'émanations sulfureuses, et nous laisse en-
sevelis dans cette blanche fumée ; puis tout
s'éclaircit, et de nouveau le cratère envoie au
loin la pluie dorée de ses pierres de feu. Pendant que nous ne pouvons nous lasser d'admirer, nous avons la surprise de voir se
former presque à nos pieds un nouveau cratère et d'être les témoins d'une petite éruption. Mais il se fait tard, et c'est avec regret
qu'il nous faut dire un long adieu à ce Vésuve
si beau et si intéressant, et prenant une
nouvelle route, nous nous laissons glisser,

plutôt que nous ne descendons jusqu'à
l'endroit où nous avons laissé nos chevaux.

Cette irruption de mars 1872 est relative-
ment de peu d'importance, et la traînée de
lave sortie du volcan n'ira pas très loin ;
mais il n'en est pas moins vrai que si j'osais
faire une recommandation à ceux qui vont en
Italie, c'est de ne point manquer cette excursion qui est d'une beauté incomparable.

X

Le miracle de St-Agnese fuori le mure. — Discours
du Pape, sa leçon aux partis religieux. — Soumis-
sion de M. Veuillot. — Du mouvement commercial
en Italie. — Le port de Brindisi. — Venise. —
M. Dupanloup et M. Romano.

Venise, 23 avril 1872.

Le 12 avril 1835, le Saint-Père venait de
célébrer la messe à *St-Agnese fuori le mure*
et s'était retiré dans le salon du monastère
qui est attenant à cette Eglise, lorsque la
voûte céda, et Pie IX et ceux qui étaient
avec lui furent précipités dans une cave.
Heureusement le Pape ne reçut aucune bles-
sure. Une fresque assez étrange rappelle ce
souvenir à St-Agnès, et consacre la mémoire
d'un événement qui, le temps aidant, deviendra un de ces miracles requis par la sacrée
congrégation des rites pour mériter la cano-
nisation. Vous n'ignorez pas, en effet, que
pour être mis au nombre des saints ou des
béats, ce qui est un degré inférieur, il faut

être l'objet d'une procédure assez curieuse
dont je vous épargnerai les détails, me bor-
nant simplement à vous dire qu'un avocat,
appelé avocat du diable, fait tous ses efforts
pour empêcher que l'Eglise canonise celui
qui est en cause, tandis qu'au contraire,
l'avocat de Dieu plaide dans un sens contraire. Il y a un réalisme qui fait peine à
voir dans cette fresque : le Pape est éclairé
par un rayon qui vient du Christ lui-même,
tandis qu'un ange le soutient. Un général
français, couvert de décorations, fait, par contre, la plus piteuse figure qui se puisse voir
au premier plan de cette fresque, en somme,
c'est d'un mauvais goût achevé ; et on le re-
grette d'autant plus que St-Agnèse est une
des Eglises qui rappelle le plus la vieille Basilique chrétienne dans toute sa simplicité.
On comprend en la visitant qu'elle est la fille
de ces mystérieuses catacombes sur lesquelles elle repose, et que les chrétiens des premiers jours savaient que leur Dieu ne ré-
clamait pas ces malsaines peintures de la
piété actuelle mais des édifices simples et
sérieux, comme la doctrine qu'il leur prescrivait de suivre.

Quoi qu'il en soit, ce jour est resté célèbre dans la vie du Pape, et chaque année
les fidèles en évoquent le souvenir. Ces
derniers temps, à cette occasion, il y a eu
grande réception au Vatican et le Pape a
prononcé un discours qui a fait grand bruit
dans la presse religieuse. Les journaux de
cette nuance assurent que rien n'était tou-
chant comme cette grande manifestation de

tous les peuples, accourant à l'envi autour
du trône de Pie IX pour protester, en face de
ses geôliers, contre l'injuste spoliation dont
le vicaire de Jésus-Christ a été la victime.
Après avoir entendu une adresse présentée
par M. le comte Spiegel de Diesemberg, le
Pape a prononcé un discours dont je ne ci-
terai que les passages suivants qui ont beaucoup ému une certaine fraction du parti catholique et pour cause. « Il y a (en France)
un parti qui craint trop l'influence du Pape ;
ce parti doit pourtant reconnaître que, sans
l'humilité, un parti, même juste, ne saurait
se soutenir (marques d'approbation) ; il est
un parti opposé à celui-là qui *oublie totale-
ment les lois de la charité* ; or, sans la charité, on ne peut être vraiment catholique. Je
conseille donc l'humilité au premier parti et
la charité au second. » Il n'est nul besoin de
dire qui s'est senti atteint par ces paroles,
et quelle a été la surprise d'un homme pour
lequel l'apostrophe semblait plus particuliè-
rement faite. Aussi M. Veuillot a-t-il fait la
déclaration que vous connaissez et qui se ter-
mine par cette parole, qui ressemble fort à
une mise en demeure au Pape de revenir sur
ce qu'il a dit, ou du moins d'en atténuer la
portée : « Si donc le juge estime que notre
œuvre ne peut plus recevoir de nous le caractère que réclame l'intérêt de l'Eglise, elle
sera terminée et nous disparaîtrons ». Le
parti ultramontain n'a pas tellement d'hommes de la valeur de M. Veuillot pour se sé-
parer de lui de gaieté de cœur, et le célèbre
journaliste le sait bien aussi. Soyez assuré

que, comme Achille, il n'est pas encore sous
sa tente.

Lors de mon dernier séjour à Rome, je lo-
geais dans l'appartement qu'occupait M.
Veuillot pendant le concile. La maîtresse du
logis me disait que rien n'égalait sa puissance de travail, que sa maison était le rendez-vous de tous les évêques, que chaque
jour il réunissait à sa table une troupe de
prélats, et que, du reste, il tenait grand train
de maison. Tous ces agissements eurent pour
résultat la proclamation de l'infaillibilité, et
aujourd'hui, celui qui doit tant à M. Veuillot,
avec la plus grande ingratitude, lui donne
une leçon plus que sévère ; c'est agir un peu
promptement et ne pas connaître son homme, car bien que le célèbre journaliste dise :
« Nous sommes des enfants d'obéissance, »
il est capable de l'oublier, et même de provoquer quelques regrets d'une parole aussi
imprudente. Mais l'incident a son intérêt,
et il sera utile de suivre de près les saintes
querelles de ces messieurs.

Pendant ce temps l'Italie cherche à se
débrouiller du chaos politique dans lequel
elle se trouve. Un vigoureux effort se produit en faveur du développement des intérêts matériels. Le ministère des travaux pu-
blics a fait procéder à une enquête minu-
tieuse sur l'industrie nationale dont les
comptes rendus d'un grand intérêt ont été
publiés dans les journaux. Les journaux,
chaque jour pour ainsi dire, annoncent la
création de grandes sociétés de crédit, de
banque, d'industrie. Hier c'était la Banque

austro-italienne; aujourd'hui, c'est la *Compagnie internationale des magasins généraux de Brindisi* formée au capital de 20 millions de francs. On me disait à Naples qu'il est difficile de se faire une idée du développement des affaires depuis ces dernières années. Le nom de Brindisi, il y a quelques années à peine connu, tend à devenir célèbre et à reprendre l'importance qu'il avait au temps des empereurs romains. Située à l'extrémité de l'Adriatique, la ville de Briudisi possède un des plus beaux ports de la Méditerranée, et se trouve, par sa position, destinée à devenir un des plus grands centres maritimes de l'Europe. Vous savez que depuis l'ouverture du tunnel du mont Cenis, l'Angleterre dirige la malle des Indes sur Brindisi où les grands steamers de la *Péninsular sud oriental Company*, viennent la prendre pour la porter à Bombay par le canal de Suez. Il est peu douteux que ce port n'acquierre une importance encore plus grande, à la suite de l'achèvement de la ligne du Saint-Gothard, qui mettra Brindisi, en communication directe, avec Amsterdam, Hambourg et Berlin. Vous pouvez vous faire une idée de l'avenir réservé à cette ville, en songeant qu'elle deviendra le rendez vous des trois grandes lignes ; du Cenis (France), Saint-Gothard (Suisse-Hollande, Allemagne) Brenner (Autriche) et que par conséquent, toutes les marchandises à destination d'Orient ou d'Occident, exportation et importation, passeront par ces entrepôts. Ceci n'est pas une réclame en faveur

de cette nouvelle société, car si nous avons
de l'argent en France, il est de notre devoir
de le garder pour nos entreprises nationales surtout en ces temps-ci. Mais. nous ne
devons pas oublier qu'autour de nous, dans
les pays voisins , on travaille ; que toutes les questions qui ont rapport à cet ordre
d'idées y sont l'objet de sérieuses études.
C'est ainsi que dernièrement encore , un
grand congrès d'ouvriers s'est réuni à Rome
pour examiner différentes questions d'une
haute importance pour l'avenir des classes
industrielles du pays.

La meilleure entente a présidé aux délibé-
rations de ce congrès qui a duré plusieurs
jours, et a montré une fois de plus ce rare
bon sens des Italiens dans les questions so-
ciales et politiques.

Comme vous le voyez, c'est de Venise que
je vous écris ; il n'est pas de ville plus singu--
lière en Italie. Ce silence étrange que rien
ne trouble, cette absence totale de chevaux
et de voitures, causent une impression assez
difficile à rendre, mais dont il est impossible
de perdre le souvenir.

Le Rialto, le Pont des Soupirs, Saint-Marc,
ont une réputation qui n'a rien d'usurpé, et
si connus qu'ils soient par les livres, les gra-
vures, les photographies, ils ne laissent pas
de vous surprendre par leur grande beauté.
Que dire de ce palais des doges, qui, dans une
harmonieuse unité, allie la ligne sévère de
la Renaissance à tous les caprices du gothique, et sans crainte, au-dessus des arceaux
sans nombre de ses galeries inférieures élève

cette grande masse dont la majesté rappelle quelle fut la puissance de la République. A côté de ce palais, qu'il faudrait décrire pierre par pierre, Saint-Marc offre aux regards, toutes les splendeurs des constructions de Byzance et présente ses trois coupoles qui disent aussi que Venise, reine des mers, imposa sa loi à l'Orient. Il est bien difficile de se faire une idée de l'église de Saint-Marc, car je ne sais rien, surtout dans le midi de la France, qui puisse être comparé à cette construction étrange et originale. L'intérieur, constellé de ces mosaïques aux étincelantes couleurs, fait éprouver comme un éblouissement. Il semble que l'église entière ait été bâtie en petites pierres et on reste confondu d'un tel travail. La place qui s'étend devant Saint-Marc, où s'élèvent ces mâts de cèdre du Liban, et qu'entourent de trois côtés ces élégants palais avec leurs longues avenues d'arcades, est une des plus belles qui existent. C'est là qu'on voit s'abattre par centaines ces pigeons de la République que chacun connaît et qui, avec une douce familiarité, vous suivent sans crainte. A côté, c'est le grand canal avec ses gondoles sans nombre qui se glissent mystérieuses sur les eaux, puis S.-Maria magiore qui semble sortir des eaux ; éclairez d'un doux rayon de la lune ce tableau et vous comprendrez combien la romance dit vrai, lorsqu'elle s'écrie : « Oh ! que Venise est belle ! »

Au moment de fermer cette lettre, je trouve dans les journaux du soir, une lettre adressée à l'évêque d'Orléans par M. Joseph Romano, le frère de ce Romano, qu'avec sa charité apostolique monseigneur avait traité de misérable, et que M. Lachaud, avait comparé dans son zèle impérial au général Trochu.

Si je fais allusion à cette lettre de M. Romano, c'est pour vous en citer quelques passages qui vous prouveront, une fois de plus, le mal que font à notre pays les agissements des ultramontains. Ces gens-là ne réussissent qu'à faire haïr et mépriser la France, où pour notre malheur ils ont une influence indigne d'un pays qui a fait 89. Ecoutez plutôt ces quelques paroles :

« Quant à la qualification de *misérable*, elle appartient à ces hommes qui, avec la plus évidente mauvaise foi, ne cessent de calomnier la résurrection de l'Italie et font croire aux niais que ce grand événement historique n'est que le résultat de basses intrigues, de trahisons, de félonies. »

Il est difficile de dire le sentiment pénible que peuvent causer de telles paroles, surtout en songeant à qui l'on s'adresse, mais, plus que jamais, je me persuade de l'incroyable démence qui agite le parti ultramontain : il doit tomber ; Dieu fasse qu'il n'entraine pas notre patrie dans sa chûte.

XI

De la politique italienne et des menées ultramontaines.
— Le brigandage en Italie. — L'idée patriotique et
Rome. — De la ligne politique à suivre vis-à-vis des
Italiens. — La dernière éruption du Vésuve.

Turin, 29 avril.

Un diplomate étranger qui avait une longue habitude des hommes et des choses de
ce pays, disait : « *Les Italiens peuvent dire
des bêtises, mais ils n'en font pas* ». En parlant
ainsi, il exprimait un jugement aussi profond que vrai. Ce n'est pas pour la première
fois que cet esprit politique est signalé dans
ces lettres, et au moment de quitter l'Italie,
cherchant à résumer des impressions très diverses, celle qui domine toutes les autres
est une vraie admiration pour la sagesse du
peuple italien. Certes, j'ai entendu des gar-
diens de troupeaux auprès du tombeau de
Cecilia Metella, regretter les beaux jours du
gouvernement pontifical, comme sous les
orangers de Sorrente, j'ai écouté des paroles
de regrets à propos de François II ; mais
vouloir de là conclure à une possibilité
de retour à l'ancien état de choses, c'est
se laisser aller à des illusions. L'Italie est
faite, et le pouvoir temporel est condamné
sans retour. Pendant de longues années, sans
doute, ce pays s'agitera dans des luttes intérieures, avant d'arriver à un état régulier,
mais ceux qui croiraient pouvoir profiter de
certains mécontentements pour le succès

d'une cause opposée à l'unité italienne, tomberaient dans de graves erreurs dont ils seraient les premières victimes.

Il est difficile de prévoir le temps où la question du pape trouvera une solution de nature à satisfaire les amis sérieux et les amis intéressés du chef de l'Eglise, mais s'il est une idée accréditée dans ce pays, c'est que le jour viendra où le Quirinal et le Vatican feront la paix. L'Italie, qu'on ne l'oublie pas, est catholique, mais non cléricale, et cette distinction si juste tend à devenir générale, et cela au profit de l'Etat comme à l'avantage de la religion. Combien il serait à désirer qu'un pareil sentiment s'accentuât en France, et qu'on rompît en face avec les menées du parti ultramontain, en priant les prêtres de se tenir aux pieds des autels et d'abandonner ce terrain politique, où ils ne savent que défendre les mauvaises causes.

En France, où, avec cette hardiesse si connue, ils se déclarent les défenseurs de la famille, de la société, les ultramontains trouvent une approbation complaisante et déversent à plaisir sur les libéraux ces saintes calomnies que l'on sait d'autant plus odieuses qu'elles se couvrent du manteau de la religion. En Italie, au contraire, on sait à quoi s'en tenir sur ces agissements ; le prêtre sera écouté tant qu'il restera sur le terrain religieux, mais on verra en lui un ennemi le jour où il tentera de s'immiscer dans les affaires civiles. C'est là ce dont il faudrait persuader beaucoup de gens en France en leur montrant, comme au doigt, comment

toutes les causes politiques dont le clergé
s'est fait le défenseur ont fini par la honte
et la ruine. L'histoire des malheurs de l'Europe n'est, après tout, si on veut remonter
aux sources, que l'histoire de la politique
cléricale. Si on avait le vrai courage de sépa-
rer la religion de ces menées ambitieuses,
on ne rencontrerait dans de semblables annales que la passion du pouvoir chez des
hommes qui, en vérité, travaillaient pour
eux-mêmes, en faisant croire aux faibles
qu'ils n'avaient en vue que le triomphe de
l'idée religieuse. Il faut une bien grande sagesse pour oublier à Rome les traditions
du passé et abdiquer une souveraineté qui
semble un héritage obligé de l'empire
payen.

L'histoire nous montre là encore que les
Papes se sont crus obligés de maintenir cette
étrange suprématie qui échappe maintenant
au Saint-Père. De là des regrets amers, des
plaintes sans nombre, de là aussi cette politique astucieuse et perverse, mise au service
soi-disant de Dieu, qui ne recule pas devant
les moyens les plus condamnables pour
assurer des effets, certaine d'obtenir cette indulgence plénière du succès qui ne se mar-
chaude jamais. Les ultramontains seront
prêts à s'associer avec un parti si peu hono-
rable qu'il soit, quitte à le désavouer ensuite ; ne les voyons-nous pas préconiser la
guerre civile en Espagne et la maudire en
France, se dire les défenseurs de l'ordre chez
nous et arrêter les trains et vider les bourses
en Navarre. Ce n'est pas de la calomnie, car

j'imagine que voler les caisses d'un gouvernement est un fait grave, et lorsqu'on se pose en défenseurs d'une cause, on est responsable des excès qu'elle amène ; on aura beau les désavouer, on ne trompera que ceux qui voudront bien se laisser tromper.

Il y aurait un livre à écrire qui édifierait les consciences, et mettrait en lumière d'une manière solennelle, les moyens d'actions de ce parti ultramontain qui doit sauver notre pays, ce serait l'histoire du brigandage en Italie. On verrait de quels moyens usaient ceux qui ont sans cesse à la bouche les mots d'ordre, de paix, de religion, de famille. Il n'y a peut-être pas de page plus honteuse, plus couverte de boue et de sang, dans l'histoire d'un parti, et cependant les prêtres ouvertement encourageaient ces hordes de brigands qui commettaient les crimes les plus odieux.

Dernièrement je voyageais avec un officier d'artillerie qui pendant trois années avait tenu la campagne contre ces brigands, et il me disait en me montrant les villages qui sont aux environs de Velletri qu'il n'en était pas un où ces misérables n'eussent commis de infamies sans nombre ; ce que chacun sait en Italie, ce que beaucoup ignorent ou veulent ignorer chez nous, c'est que le brigandage s'organisait ouvertement sur le territoire pontifical et que c'était là que se préparaient ces expéditions scandaleuses contre de pauvres villages de la frontière italienne, dévastés par ces brigands qui se retiraient paisiblement ensuite, dans le pa-

trimoine de Saint-Pierre ; tandis que nos
soldats l'arme au bras, étaient obligés, ô
honte amère, d'être les témoins impuissants
de ces crimes.

Je voudrais que ce livre fût écrit, avec la
plume fière et courageuse d'un Juvénal, et
jeté comme un stigmate à la face de ce parti
qui nous perdra, si nous avons le malheur de
lui confier nos destinées.

Heureuse Italie, qui connait l'ennemi, et
le combat par la liberté; elle le vaincra parce
qu'elle a pour elle le droit et la justice. En
vain on fera appel à tous les artifices du
langage en parlant de spoliation, de torture,
de violence, tout viendra se briser contre
cette grande idée de la patrie italienne qui
est entrée au cœur de ce peuple. La patrie.
voilà l'obstacle qui se dresse insurmontable
pour les ambitions des ultramontains ; ils ne
peuvent l'ignorer, et en vain diront-ils que
Rome est privée de ses libertés, que Rome
appartient au Saint-Père, l'Italie entière
se lèvera pour s'écrier : Rome est à nous,
c'est sa possession qui couronne des aspirations séculaires et qui maintient l'unité et
l'indépendance de la patrie.

Dans toutes les grandes villes de l'Italie,
on a affirmé de la manière la plus complète,
la plus entière ce désir, et il faut toute l'audace d'un parti aux abois pour affirmer des
regrets unanimes. Partout j'ai vu le culte
des héros morts pour la patrie dans les
guerres de l'indépendance italienne : à Naples, c'est un monument admirable, à Padoue, ce sont les noms des enfants de la ville

qui ont succombé pour la patrie, à Venise c'est le tombeau de Manin. Nous avons à nos frontières une nation jeune, pleine d'avenir, qui fière de son indépendance et de sa liberté, marchera en avant. Nous unir à elle d'une étroite amitié que favorisent déjà des souvenirs de reconnaissance, qu'une politique franche et loyale ferait facilement renaître, voilà une ligne de conduite qui s'impose à tous les bons esprits.

Je quitte l'Italie, avec des sentiments où s'unissent le respect et l'admiration, mais affligé de voir que l'attitude si malheureuse de la droite de la chambre, les pétitions si impolitiques des évêques, les imprécations de Mgr Dupanloup, et les sottes déclamations de la presse cléricale, aient contribué à modifier d'une manière pénible les rapports qui unissaient les deux pays. Ce sera la tâche de ceux qui aiment la France, de mettre tout en œuvre pour faire comprendre que la vraie opinion de notre pays à l'égard de l'Italie, n'est pas celle de ces messieurs, mais plutôt celle du parti libéral français qui applaudit sincèrement, au grand fait de l'unité italienne, et à la politique franche et hardie, qui tend à détruire non la religion mais l'action ultramontaine de ces éternels ennemis du droit et de la liberté moderne.

Avant de terminer cette lettre, je ne peux pas sans tristesse, rappeler les quelques détails que je vous donnais sur une récente excursion au Vésuve, car vous avez appris

déjà les détails de l'effroyable éruption de
ces derniers jours.

Pour l'ordinaire, une éruption est une
fête à Naples et aux environs. Vous connaissez sans doute ces gouaches napolitaines
qui représentent le Vésuve en feu, illumi-
nant le golfe de Portici, tandis qu'au premier
plan, sur les toits des maisons, les habitants
dansent gaiement la Tarentelle. Mais ces
jours derniers, la fête ordinaire a fait place
à une catastrophe affreuse ; suivant l'habitude, un grand nombre d'habitants, d'étrangers, s'étaient dirigés du côté de Résina,
pour voir de plus près le grandiose spectacle de l'éruption, lorsque soudain, à la suite
d'un bruit affreux, un gouffre immense
s'ouvre sur le flanc de la montagne et engloutit un grand nombre de malheureux sous
des torrents de laves et de scories. En même
temps, de plusieurs points, les laves com-
mencent à couler avec une rapidité furieu-
se, la montagne toute entière est en feu, l'a-
larme est partout, les habitants de Torre, de
Portici, de Resina émigrent en masse. Les
employés d'Herculanum, de Pompéi, sur les
ordres M. Fiorelli, abandonnent leur poste.
On dit le spectacle affreux à voir ; le coura-
geux M. Palmieri, le savant observateur du
Vésuve, reste à son poste, en suivant les
progrès de l'éruption. Le peuple est cons-
terné et demande qu'on amène la statue de
S. Gennaro pour arrêter la lave, d'autres
allument des lampes devant S. Jan-
vier Toutes les villes qui sont au pied du
Vésuve sont abandonnées, déjà deux villa-

ges ont disparu sous les torrents de lave.
C'est la plus formidable éruption du siècle.

P.-S. Les dernières nouvelles sont plus
rassurantes, les laves qui menacent Portici
semblent s'arrêter, l'éruption devient moins
violente, on espère que de graves dangers
seront évités.

XII

L'*Unità Cattolica* et l'éruption du Vésuve. — L'éruption du Vatican. — De la supériorité de la statuaire
sur la peinture. — Le Capitole. — La chambre des
philosophes et le *Gladiateur mourant*.

L'*Unità Cattolica* est en Italie ce que l'*U-
nivers* est dans notre pays, c'est dire qu'on
éprouve en la lisant, un sentiment non pas
d'admiration, le mot dépasse la pensée,
mais de satisfaction. Dans le parti libéral,
nul, sinon les amis imprudents, ne verrait
sans tristesse l'*Univers* disparaître, car il
n'est pas d'auxiliaire plus précieux pour le
succès de notre cause que le rédacteur de la
pieuse feuille. Ne savons-nous pas les leçons de ce malheureux évêque d'Orléans à
M. Veuillot qui troublait la paix de son dio-
cèse ? si l'éclat a du être rendu public,
qu'étaient donc les misères intérieures ? Certes le parti clérical est d'une discipline admirable, mais nous ne devons pas nous faire
illusion sur ses discordes intimes, les prêtres

souffrent en silence, mais ils souffrent sous
l'effrayante domination de l'épiscopat, et nul
ne sait ce qui se cache de larmes et de tristesses dans le clergé de notre pays. M. Veuillot a si bien fait que les évêques ont dû à leur
tour en passer par sa volonté, car à l'heure
présente, ce remarquable journaliste est la
dernière expression du catholicisme français.
Qui donc oserait le nier? M. Veuillot malgré
les dernières paroles du Saint-Père, n'est-il
pas le fidèle défenseur du Syllabus, et ne s'in-
cline-t-il pas humble et soumis devant l'infaillibilité du pontife romain. Ainsi il nous
est donné d'être les témoins de l'étrange spectacle d'une église, je ne dis pas d'une religion,
arrivée à un tel point que l'homme le plus
haineux de France, celui dont la plume est
trempée dans le fiel, est devenu sa plus fidèle, sa plus complète représentation. De tels
ennemis sont précieux, et, comme le fait remarquer avec une entière sagesse le journal l'*Italie* en parlant de la rédaction de
l'*Univers* et de celle de l'*Unità*, si les hommes qui sont sincèrement catholiques, veulent être impartiaux, ils peuvent voir quels
sont les gens qui font le plus de mal au catholicisme et à son chef, si c'est nous libéraux, ou ceux qui se proclament ses défenseurs à outrance.

Ces jours derniers, à Turin, je lisais
l'*Unità*, et non sans plaisir littéraire, car il
est peu de journaux aussi finement rédigés,
lorsque mes regards furent frappés par un
de ces articles à sensation qui ne sont point
rares dans les feuilles papalines. C'était, si

mes souvenirs sont fidèles, à propos de l'é-
ruption du Vésuve ; sans craintes aucunes,
au lieu de s'apitoyer avec toute l'Italie sur ce
grand désastre, le rédacteur y découvrait les
leçons de Dieu, et prévoyait la condamnation
de ceux qui avaient voté la loi sur les garanties du Saint-Siége.

Rien de plus étrange que cet article où
cette lamentable éruption du Vésuve était
exploitée en faveur du Saint-Siége ; je le
lisais à un de mes amis, qui ne professe
point grande affection pour les hommes et
les choses de Rome, mais esprit fin et caus-
tique. Après avoir écouté les habiles déclamations du journaliste papalin, quelle réponse, me dit-il, on pourrait lui faire. Alors
avec sa verve méridionale, il me dépeignit
ce qu'il appelait l'éruption du Vatican. Du
sein de ce palais célèbre sortaient sans in-
terruption depuis des siècles, autres choses
que du feu, des scories et des cendres, mais
l'ordre odieux des jésuites, des bulles dé-
truisant toutes les libertés civiles, le très-
saint tribunal de l'inquisition, des agitateurs
politiques et religieux aux préceptes com-
modes et faciles , des dogmes incroyables
propres à paralyser la foi religieuse , la
condamnation des libertés modernes. Au
moins l'éruption du Vésuve ne dure que
quelques jours, tandis que celle-ci est in-
cessante. La première peut occasionner la
mort de quelques malheureux, mais celle-
ci flétrit l'âme et la vie des peuples.

Mon seul regret est de ne pouvoir reproduire ici ce que disait mon ami dans la cha-

leur de l'improvisation, mais le volcan papalin, pour le moment, ajoutait-il en finis-
sant, dans un dernier effort veut jeter un
éteignoir sur les libertés modernes. En
France, nous en savons quelque chose, et il
suffit de lire l'excellent article que M. de
Pressensé vient de donner à la *Revue des
Deux-Mondes* sur l'ultramontanisme et la
politique française pour être édifié sur les
menées du parti dans la question de l'obligation de l'instruction. Aussi la *Gazette de
France* est-elle dans l'indignation et elle
promet une verte réponse à M. de Pressensé, qui hait le catholicisme, la religion
et le christianisme.

Je laisse les modernes pour les anciens,
et si vous le voulez nous retournerons à ce
Capitole dont vous savez les richesses. Pour
ma part, en fait d'œuvre d'art, rien ne dépasse la statuaire, et la vue d'une belle statue me cause une impression artistique d'un
ordre supérieur à celle que me fait éprouver
une belle toile.

Le principe si noble de la vie se mani-
feste, en effet, avec une énergie autrement
grande, une grâce bien plus exquise, dans
ce marbre si froid qu'il puisse paraître, que
sur une toile illuminée même par la riche
palette d'un Corrège ou d'un Véronèse.
L'antiquité a laissé venir jusqu'à nous, la
gracieuse histoire des oiseaux voltigeant autour de ces raisins dorés que peignait Zeuxis,
mais qu'était ce triomphe du grand artiste,
en présence du trouble insensé qui dévorait
l'illustre statuaire à la vue de cette statue

sortie du marbre sous sa main frémissante
et qui pour lui réalisait la beauté. Qui
donc, en contemplant ces merveilleuses statues qui n'idéalisent pas mais réunissent
toutes les perfections de la forme, n'a senti
passer en lui comme un frisson d'orgueil,
en voyant comme une preuve vivante de
cette origne que les livres saints n'hésitent
à proclamer divine ? Il est bon de se souvenir
que l'homme a été créé à l'image de Dieu,
et que seule la statuaire peut avoir l'orgueilleuse ambition, d'en prouver la sainte
vérité. Cette seule raison expliquerait encore une préférence que tout justifie. Ne
nous souvenons-nous pas de Phidias, pré-
sentant aux citoyens d'Athènes, le Jupiter
Olympien, alors que ce peuple transporté,
s'écria, ravi d'admiration pour ce grand artiste « voici le Dieu » ? Est-il un seul peintre
qui ose prétendre à un tel succès ? Mais
ce n'est pas une cause dont je veuille me
faire le défenseur, car sans vouloir dépré-
cier la peinture, qui donc oserait lui oppo-
ser la statuaire ! Lorsqu'un peuple fier du
dévouement d'un grand citoyen demande à
l'art d'en consacrer à jamais le souvenir,
suffit-il à son affection d'un pinceau si habile qu'il puisse être, non, il lui faut le
marteau du sculpteur. Ce que le peuple veut,
c'est que son enfant arraché au marbre
informe, revive au milieu de ses villes,
vienne encore participer à cette vie publique qui fut si longtemps la sienne, et là
debout parmi les siens, soit encore en quelque sorte, le défenseur de la patrie. Aux

hommes du nord, il faut l'airain sombre qui brave les grands froids, aux hommes du midi, les marbres qui se dorent sous la longue action des siècles, et réflètent les ardeurs du soleil d'Orient. Les merveilles de la peinture réclament un asile dans les grandes galeries ne pouvant résister aux graves injures du temps ; plus fiers, les chefs-d'œuvre de la sculpture ne demandent aux années que de consacrer leur gloire, et semblent regretter d'avoir été exilés de ces places et de ces temples construits et élevés pour eux.

L'antiquité ne connut pour l'art que la vie publique, elle lui donna une place royale dans ses cités. Le peuple voulait ses statues et ne les enfermant pas dans les étroites salles des musées, leur accordait la chaude lumière du soleil. Il faut avoir su faire revivre l'ancienne Rome, pour comprendre ce que devait être la splendeur de la ville sans pareille, avec ses statues sans nombre, dont chacune ou illustrait un souvenir ou donnait une preuve du génie de son auteur.

Si vous voulez savoir l'histoire de Rome antique, allez au musée du Capitole et vous serez comme initiés à ce passé dont l'école a tant parlé Les révolutions, les invasions ont respecté ces marbres précieux qui font revivre cette grande époque dont Tite-Live et Tacite furent les historiens. Vous retrouverez avec émotion Agrippine assise et pleurant la mort de Britannicus, comme vous reconnaîtrez cette Messaline dont les débordements étonnèrent Rome, à son front bas, à ses lèvres sensuelles, à son air méchant. Auguste est là aussi, le Bonaparte du vieux monde romain, car jamais ressemblance ne fut plus étrange, plus stupéfiante. Au musée du Vatican, il existe un buste d'Auguste enfant, d'un travail admirable, qui fait songer malgré soi à Napoléon. C'était ce que me faisait remarquer un de mes amis avec lequel je visitais Rome, et un des hommes qui connaissent le mieux les hommes et les choses de ce pays, M. Th. Roller, auquel nous devons un des meilleurs travaux qui aient été faits sur l'*agro romano* (la campagne romaine). Du reste, pour comprendre Rome, il faut la visiter avec une personne qui la connaisse à fond, car sans cela on se perd dans ces richesses sans nombre, et il se produit dans l'esprit une confusion de ces belles choses où il est presque impossible de se retrouver. M. Roller possédait à un haut degré ce talent de savoir arrêter nos regards sur ce qui devait être vu, et ne nous permettait pas de nous attacher à des œuvres belles encore mais d'un mérite secondaire. A tous ceux qui visitent Rome, je voudrais souhaiter un guide d'une éducation artistique aussi complète, d'un goût aussi sûr, d'une érudition aussi sérieuse.

On ne m'en voudra point de revenir encore à ce musée du Capitole pour signaler les chefs-d'œuvres de la statuaire antique. A côté de la salle des Empereurs se trouve celle des Philosophes ; d'un côté la force, de l'autre la pensée. Ce contraste est saisissant, car si les empereurs, à des degrés divers,

rappellent la mâle beauté du peuple romain,
comme aussi dans leurs représentants les
plus dégradés donnent le type de ce que
peut être la force brutale et bestiale, les
philosophes et les poëtes font comprendre
que sur cette terre, le génie peut illuminer
une physionomie si rude, si dure qu'elle
puisse paraître au premier abord. C'est au
Capitole qu'on voit les portraits de ces hommes fameux qui ont été l'honneur des scien-
ces et des lettres dans l'antiquité. Il y a une
jouissance intellectuelle facile à comprendre,
à se trouver en la compagnie de ces illustres
que nos premières études nous ont révélés,
et qui dans la Rome moderne semb'ent revivre encore. Voici *Virgile*, le poëte doux et
mélancolique , à côté de lui *Homère*
aveugle, mais c'est bien le chantre d'Ionie,
celui que le génie a sacré poëte, c'est-à-dire
devin et prophète, si on ne veut point oublier
la signification du mot *vates*. Plus loin Epicure avec sa figure froide et sérieuse, on reconnaît en lui ce sage qui faisait dire au
poëte :

Je voudrais m'en tenir à l'antique sagesse
Qui du sobre Epicure a fait un demi-Dieu.

Ce n'est point un voluptueux , c'est le
théoricien de la volupté. Faudrait-il tous les
nommer, *Demosthène* le grand orateur d'A-
thènes. avec ce front sérieux où se concentre
la pensée, et les lèvres larges et violentes,
jalouses de laisser déborder les torrents de
l'éloquence intérieure ; *Alcibiade*, ce jeune

patricien, à l'esprit distingué aux capacités politiques si rares, et sur les lèvres duquel semblent errer encore le sourire du spirituel athénien qui savait si agréablement se rire des siens. Quel buste que celui de *Caton le Censeur*, cette figure anguleuse aux traits accentués, évoque tous les souvenirs de la Rome républicaine, tandis que près de lui, *Scipion l'Africain* montre ce que devaient être les grands citoyens de la République.

Ils sont tous là, ces poëtes dont nous avons bégayé aux premiers jours de la vie les chants immortels ; ces historiens que nos premiers travaux nous ont fait connaître, ces tragiques qui devaient initier notre jeunesse aux splendeurs des conceptions dramatiques, ils sont là encore, ayant survécu à tant de ruines et de misères, et rappelant quelle fut la gloire de la Grèce et de Rome.

C'est avec eux qu'il faut vivre, c'est leur temps qu'il faut évoquer pour comprendre ce qu'ils étaient. Entrons dans la salle du *Gladiateur mourant* (1) et si vous aimez l'art, admirez en silence. Le voilà cet enfant des Gaules frappé à mort, et qui, penchant la tête, semble murmurer encore la dure parole des

---

(1) Le *Gladiateur mourant*, exquise antique du premier rang et même des premiers de cette classe, comme dit le président de Brosses, est un ouvrage grec de l'école de Pergame, vient des jardins de Salluste, et fut acheté à la famille des Ludovisi, dans la villa desquels se trouve encore un groupe de Gaulois dont cette statue dépendait évidemment.

gladiateurs : « *Ave Cœsar, morituri te salu-
tant.* » C'est le barbare qui meurt pour les
plaisirs du peuple-roi ; le sang coule à flots
de sa noble poitrine : il s'affaisse et chan-
celle. A qui songe-t-il ? A sa compagne dé-
solée, à ses petits, aux jours lointains où,
dans les grandes forêts de la Germanie, il
était libre et heureux. Il était des nôtres, et
souvent à sa voix Rome avait tremblé et
proclamé le tumulte gaulois. C'est comme
une vision sur des temps disparus, et ce barbare, au milieu des splendeurs de l'art antique, vient nous dire que l'heure de la décadence a sonné, et que déjà aux portes de
l'empire, les Huns et les Vandales sellent
leurs hardis coursiers pour aller venger, jusque dans Rome, le gladiateur qui va mourir.

Mais l'étendue de cette lettre m'oblige à
regret de quitter le Capitole, mais en me
me promettant d'y revenir encore.

XIII

Pompéï. — Quelques détails d'histoire ancienne. —
La lettre de Pline le jeune. — M. Fiorelli et les
moulages. — L'Hercule grec et l'Hercule Teuton.

L'éruption du Vésuve a pris fin, après
avoir pendant quelques jours occasionné de
grandes angoisses en Italie ; aujourd'hui le
Volcan ne laisse apercevoir que cette colonne
de fumée qui domine toujours son sommet.
Il est permis de trembler en pensant que le

Vésuve aurait pu couvrir Naples de ses
cendres impalpables et faire de cette cité une
nouvelle Pompéï. — En certains endroits la
couche de cendres s'est élevée jusqu'à huit
centimètres , il suffisait de quelques jours
pour amener un malheur irréparable, car
rien ne résiste à cette action lente, tenace,
de cette pluie étrange, qui, dans une mono-
tonie mortelle, engloutit un peuple sous un
linceul grisâtre.

Il faut avoir visité et parcouru Pompéï
dans ses moindres détails pour avoir une
idée juste de ce que peut être une catastrophe semblable à celle de l'année 79 de l'ère
chrétienne et dont Pline le jeune est resté
l'éloquent historien.

Il y a quelques semaines à peine je me
trouvais dans cette ville fameuse, alors que
rien ne faisait présager les événements qui
sont survenus, et dont les détails sont présents à l'esprit de chacun. Certes , l'Italie
possède des richesses artistiques d'une
exquise beauté , et cependant rien ne
dépasse comme intérêt cette ville qui jour
après jour sort de son tombeau et apparaît
comme aux temps des empereurs.

Sans vouloir faire de l'histoire ancienne,
que je rappelle cependant ce que nous savons de son origine.

Pompéï doit son origine aux Samnites qui
la fondèrent au pied du Vésuve, dans cette
admirable vallée de la Campanie dont la
beauté est si célèbre. Après la guerre so-
ciale, la ville qui était déjà municipe, et dont
les habitants étaient citoyens romains, prit

le nom de *Colonia Veneria Cornelia*, du nom de sa principale divinité la *Venus Physica* et de celui de la famille de son patron *Cornelius Sylla*.

Pompéï devint par sa situation une résidence chère aux patriciens de Rome. Cicéron y possédait une villa où Auguste vint le trouver, et ce fut dans cette ville que Claude perdit son fils Drusus. Un tremblement de terre la détruisit presque entièrement en l'année 63 de notre ère ; reconstruite, ornée de magnifiques édifices, Pompéï ne devait point échapper au Vésuve, car le 9 novembre de l'année 79, elle fut ensevelie avec Herculanum et Stabie, sous une pluie de pierres ponces et de cendres.

On connaît les deux lettres célèbres que Pline le jeune adressa à Tacite pour lui rendre compte de cet événement; certains passages, surtout si on veut se rappeler la dernière éruption du Vésuve, ont un intérêt presque actuel, je n'hésite donc pas à les reproduire.

« La nue se précipite sur la terre, cache à nos yeux l'île de Capri, qu'elle enveloppait, et nous fait perdre de vue le promontoire de Misène. Alors ma mère me conjure, me presse, et m'ordonne de me sauver de quelque manière que ce soit, me montrant que cela était facile à mon âge, mais que pour elle, chargée d'années et d'embonpoint, elle ne pouvait le faire ; qu'elle mourrait contente si elle n'était cause de ma mort. Mais je lui déclare qu'il n'y aurait point de salut pour moi qu'avec elle ; je la prends par la main, et je la force de m'accompagner. Elle me suit avec peine, et se reproche de me retarder.

» La cendre commençait déjà à tomber sur nous, quoique en petite quantité. Je tourne la tête, et je vois derrière nous une épaisse fumée qui nous suivait, se répandant sur la terre comme un torrent. Quittons le grand chemin, dis-je à ma mère, pendant qu'on y voit encore, de peur que la foule ne nous étouffe.

» A peine nous étions-nous éloignés, que les ténèbres augmentèrent à tel point, qu'on eût cru se trouver dans une de ces nuits noires et sans lune, ou dans une chambre où toutes les fenêtres sont fermées. J'étais soutenu par cette pensée triste et consolante à la fois que tout l'univers périssait avec moi (1).

Après la catastrophe, Pompéï resta ensevelie, ses habitants ceux du moins qui avaient survécu, reculèrent devant l'immense travail de déblaiement, quelques uns cherchèrent à retrouver la place de leurs demeures, pour arracher aux cendres les richesses qu'elles recouvraient, puis la ville fut oubliée, et pendant des siècles elle dormit dans son linceul grisàtre. Ce ne fut qu'à la fin du xvie siècle que des travaux nécessités par la construction d'un aqueduc révélèrent la présence de la ville; cependant les travaux ne commencèrent que vers l'année 1748.

(1) Tit. Liv. vi, 20.

Mais ces fouilles faites d'une manière inintelligente, sans précautions, ne donnèrent pas les résultats qu'on pouvait en attendre; combien d'objets précieux furent détournés, faute de surveillance; combien de fresques furent arrachées des maisons pour aller se perdre çà et là ! Depuis la révolution de 1861, les fouilles de Pompéï sont devenues de la part du gouvernement italien l'objet des soins les plus éclairés. Un homme d'un rare mérite, un savant, M. le commandeur Fiorelli, en a pris la haute direction et, sous ses ordres, les fouilles se poursuivent avec méthode ; une surveillance rigoureuse s'exerce, et rien ne se perd : aussi est-on en droit d'attendre beaucoup des recherches qui seront faites dans les parties de la ville qui n'ont point été découvertes. On n'a encore mis à jour qu'un tiers de Pompéï, car rien ne peut mieux donner une idée de la grandeur de l'éruption de 79, qu'en disant que la ville qui fut recouverte de cendres, n'a pas moins de 5 kilomètres de tour.

L'administration des fouilles ne compte pas moins de cent employés, sans parler des nombreux ouvriers qui, sous leur surveillance, enlèvent les cendres et les lapilli. Un petit chemin de fer emporte les déblais au loin ; à l'origine on se contentait de les rejeter dans les maisons après les avoir fouillées.

On s'était étonné souvent de ne point rencontrer de traces des habitants de cette pauvre ville, et on pensait que rien ne res-

tait des malheureux surpris et étouffés sous
la pluie des cendres du Vésuve. Cependant
la pioche des ouvriers avait rencontré des
vides dans ces amas condensés, et il leur
était facile de s'expliquer la présence de ces
cavités, où parfois on trouvait quelques osse-
ments.

Par une de ces inspirations heureuses,
familières au génie, car ce mot n'a rien
d'exagéré en parlant du savant directeur des
fouilles de Pompei, M. Fiorelli prescrivit
de verser du plâtre dans ces cavités, si on
venait à en rencontrer. Quel ne fut pas
l'étonnement lorsque, pour la première fois,
l'épreuve fut tentée, de voir apparaître,
quand le moule de cendres eut été défait, une
vraie statue, représentant une mère
et sa fille saisies par l'affreuse mort et re-
produisant dans leur attitude, les tortures
qu'elles avaient dû subir, avant d'expirer
étouffées.

Les cendres avaient moulé exactement le
corps des victimes en se tassant peu à peu ;
les pluies, les infiltrations avaient rendu ce
moule consistant, mais avec les années les
corps disparaissaient pour ne plus laisser
que l'empreinte prise au moment de l'éruption ; il ne suffisait donc plus que de verser
du plâtre dans ces cavités que le hasard
faisait découvrir pour retrouver comme une
image vivante des derniers moments de
l'infortuné qui y avait trouvé son tombeau.
Telle était l'hypothèse de M. Fiorelli, et
l'expérience a prouvé que cette hypothèse
était une vérité.

M. Roller, en me faisant remarquer dans
une des loges du Belvédère, la statue de
Mercure, qui est une des plus belles antiques de Rome, avec beaucoup de sens
artistique, faisait cette observation, que la
statuaire dans sa conception de la beauté,
et même de la beauté virile, se plaisait à
donner aux extrémités une finesse qui sur-
prend et charme en même temps. Rien n'est
plus remarquable à cet égard que les diverses conceptions du type d'Hercule, dans
la statuaire grecque et romaine. L'Hercule
Farnèse, du musée de Bourbon, le plus
célèbre peut-être de tous, a une tête qui au
premier abord semble disproportionnée eu
égard au buste, et cependant si l'on veut
considérer l'ensemble avec plus d'attention,
on comprend que la force intelligente doit
présenter ce caractère.

Dans la salle de l'Hercule au Casino Borghèse, il est permis de faire la même remarque. La force n'exclut point la grâce et la
finesse, et depuis l'Hercule enfant, où se
devine déjà la puissance, jusqu'au type achevé
de l'Hercule Farnèse, cette même idée a
prévalu.

Par contre, dans la loge du Persée de Ca-
nova. au Belvédère, se trouvent deux colos-
ses du même maître, mais quelle différence :
jamais deux boxeurs de foire ne trouvèrent
pareil talent pour les immortaliser, c'est la
force grossière, la masse, la brute ; le cou
est replié épais, les jambes fortes, massives
rien ne rappelle cette conception si pure de
la force gouvernée par l'intelligence, que

préconisait la Grèce. C'est bien là l'Hercule moderne, fruit d'une civilisation élégante qui n'a pas compris la sagesse de la Grèce et de Rome. qui loin de dédaigner la force virile, l'avaient au contraire annoblie en la rendant intelligente.

L'*Hercule* grec met au service de l'idée la force, pour ui la puissance n'est que l'humble servante du droit ; les travaux qu'il accomplit sont des œuvres de justice et de protection.

De nos jours, l'*Hercule* teuton s'est fait le dominateur du droit, foule aux pieds les principes, et annexe malgré elles des provinces.

C'est ce que j'ai pensé souvent en voyant passer ces régiments de landwehr, composés d'hommes superbes, mais qui avaient oublié que la force n'est vraiment admirable que lorsqu'elle s'emploie à la défense des causes justes.

Mais laissons la politique, pour dire que les anciens comprenaient mieux que nous les vrais caractères de la force, si nous en jugeons d'après les statues qui nous restent; il est facile de comprendre, que n'en séparant point l'intelligence. ils l'entourassent d'un respect qui faisait d'Hercule, un des types les plus purs de la mythologie grecque. Quelle a été ma surprise de trouver ces remarques confirmées par un moulage d'une réussite admirable, fait à Pompéï, ces derniers temps. C'est un homme de grande taille qui sans doute asphyxié, est tombé les bras en avant et que la cendre a recouvert. — La

poitrine est forte, le buste puissant, mais la
tête est petite et le cou délié ; quant aux
attaches des poignets, elles sont fines et déli-
cates.

Ceci m'a persuadé une fois de plus de cette
vérité que le grand secret de la supériorité
de l'art antique , c'est moins l'habileté
d'exécution, ou la fécondité de l'imagination,
que le respectueux attachement au meilleur
et au plus savant des maîtres, *la nature.*

XIV

L'ambassade d'Allemagne près le Saint-Siége. — Du
conflit entre l'Eglise et la société. — Une discussion
avec un moine à Saint-Antoine de Padoue. — De
l'art religieux et de sa décadence. — Saint-Pierre de
Rome.

L'attention est plutôt tournée du côté des
affaires d'Allemagne que préoccupée de
questions intérieures. Le chancelier de l'empire enverra-t-il un ambassadeur près le
Saint-Siége ? Les conditions par lui propo-
sées seront-elles acceptées par le cardinal
Antonelli? tels sont les sujets du jour. Après
avoir été aux prises avec tous les politiques
séculiers, voilà M de Bismark en lutte avec
un politique religieux. Qui sortira vainqueur? Je dis un politique religieux, c'est
une manière de parler, le cardinal Antonelli
n'... ..e religieux que la position qu'il occupe,
cet homme n'a rien du prêtre, ni la douceur,
ni l'onction ; on l'a surnommé à Rome, le
pape rouge, comme Pie IX, le pape blanc,

et le général des jésuites, le pape noir ; à
eux trois ils dirigent l'Eglise ; non cependant
sans des conflits de pouvoir, car le pape noir
voudrait que le Saint-Père quittât Rome, et
le pape rouge use de son autorité pour le
retenir. Pendant ce temps, un aviso français
dont j'ai oublié le nom, attend à Civita le
résultat de la délibération. Quant à la question de l'ambassade d'Allemagne, il me semble qu'elle se terminera simplement comme
je vous le disais, il y a quelque temps, par
le maintien d'un chargé d'affaires, car il est
difficile de croire, du moins pour le moment, que le Saint-Siége accepte un ambassadeur, dont la présence serait la reconnaissance avouée de l'abandon du pouvoir
temporel.

Les ultramontains, alors qu'ils laissent ce
langage où les fadeurs politiques s'unissent
aux fadeurs religieuses, doivent parfois
s'avouer entre eux que le danger est plus
grand qu'ils n'osent l'avouer publiquement.
On peut admettre que la maison de Savoie
soit l'ennemie du Saint-Siége; mais comment
être forcé de dire que la nation italienne,
catholique par ses traditions, ses croyances,
en soit arrivée à ce point d'indifférence de
ne pas entreprendre une bonne guerre civile
contre l'usurpateur savoyard. Avoir dans
chaque ville, dans chaque village des prêtres et ne pas même pouvoir fomenter une
révolte, que s'est-il donc passé ? En Espagne, comme la situation est préférable ! ce
sont les prêtres qui sont à la tête du mouvement, ils prêchent la guerre civile com-

me le plus saint des devoirs ; là ils sont les
maîtres ; aussi est-il rien de préférable à la
situation du pays qu'ils vont gouverner, car
si j'en juge par les journaux ultramontains,
Don Carlos va entrer à Madrid sous peu de
jours.

Parlons sérieusement, l'Italie remet le clergé à sa véritable place, en ne lui permettant
pas de s'introniser dans les affaires civiles
et politiques, et depuis que cette ligne de
conduite a été adoptée ce royaume se relève.
L'instruction largement donnée est le meilleur auxiliaire de ce système, car nous
savons tous que le plus grand ennemi du
prêtre, c'est l'instituteur. Ce fait est triste à
signaler, mais pourquoi faut-il distinguer
entre le prêtre, homme de la religion, et le
prêtre, homme d'une politique odieuse dont
les chefs ont déclaré une guerre à mort à
toutes les libertés modernes. Quand donc,
et surtout dans notre pays, sera t-il fait
justice de ces idées malsaines ? Qui donc
persuadera les prêtres de cette vérité,
qu'hommes religieux, ils verront les peuples venir à eux, qu'hommes politiques, ils
seront les ennemis jurés de tous ceux qui
veulent la liberté. Rien ne nous détournera
nous libéraux, de la route suivie jusqu'à
présent, le divorce entre l'Eglise et la Révolution est un fait accompli, et nous lut-
terons jusqu'au dernier moment contre les
envahissements du clergé. Nous avons pour
nous l'ordre, le respect de la famille, de la
propriété, l'amour de la patrie, la liberté. De
tels biens ne s'abandonnent pas pour se

mettre à la remorque d'un parti qui encourage la guerre civile en Espagne, fait tous ses efforts pour empêcher l'instruction obligatoire en France, et n'hésiterait pas à jeter notre pauvre pays dans de nouvelles aventures en provoquant une expédition romaine.

Ce que les hommes de cœur regrettent amèrement, c'est que l'idée religieuse soit mêlée à ces luttes déplorables et que le plus grand nombre se persuade encore que libéralisme soit synonyme d'incrédulité ou même, dans le langage de nos adversaires, d'athéisme. Si je parle ainsi, c'est que, ces jours derniers, à Padoue, dans l'église de Saint-Antoine, je m'entretenais de ces grandes questions avec un moine du couvent. Le souvenir de cette conversation m'a presque autorisé à aborder ce sujet. Ce moine, homme distingué, de grande lecture, et discutant avec une courtoisie parfaite, m'avait rencontré dans le chœur de cette célèbre cathédrale aux sept coupoles, et, avec beaucoup de bonté, me montrait les bas-reliefs en bronze de *Vellano*.

Assis dans les magnifiques stalles en bois sculpté du chœur, nous admirions les richesses infinies de l'église consacrée à Saint-Antoine de Padoue, lorsqu'il me proposa de me faire voir les reliques du saint, sa langue, si mes souvenirs ne me trompent. Je lui avouai alors, qu'en ma qualité de protestant, ces reliques m'intéressaient moins qu'il le pouvait supposer. A cette occasion, la discussion s'engagea.

De cette discussion toujours courtoise, animée d'un esprit de modération bien rare, il m'est resté un excellent souvenir, car je me trouvais en présence d'un adversaire qui honorait la cause dont il était le défenseur.

A la fin d'une conversation déjà longue, je lui posais cette question qui, me semble, devrait être la base de toute polémique vraiment sérieuse, vraiment digne de ce nom : « Mon père, nous discutons sur des questions de détails, mais voici, je m'adresse sur toutes choses à votre conscience d'homme et de chrétien. Je crois à l'œuvre de Jésus-Christ, sauveur du monde, et mon seul désir est de rendre ma vie conforme à ce qu'a ordonné sa volonté, c'est-à-dire comme il l'a prescrit lui-même, d'aimer Dieu de tout mon cœur et mon prochain comme moi-même. Je vais répondre pour vous. Pouvez-vous me condamner ? » lui dis-je. Il ne me répondit pas et garda longtemps le silence.

« Vous devez prononcer la parole « *anathema esto*, » et si vous ne le faites pas, vous êtes infidèle à tout l'enseignement de votre église, et cependant, au fond de votre cœur, dans le silence de votre âme, vous ne le pouvez pas. »

Ainsi, avec une autorité odieuse, vous nous rejeterez loin de vous, et, sans pitié, sans compassion, votre église prononcera cette redoutable excommunication que le Christ n'avait réservée qu'aux Pharisiens, c'est-à-dire à ceux qui, dans le sanctuaire, pervertissaient l'esprit de la véritable religion.

« Mais pourquoi vous refusez-vous, reprit le père, à reconnaître l'autorité infaillible du vicaire de Jésus-Christ ? En vérité cela peut-il se faire ? Vous avez devant vous des peuples entraînés par un mouvement irrésistible vers les libertés modernes , auxquels il faut des doctrines pleines de vérité , de justice , et vous leur dites : allez à Pie IX qui nous demande de croire, à quoi ? à l'infaillibilité de sa parole comme docteur suprème de l'Eglise, et nous dit, comme premier acte de sa souveraineté sur les âmes, de réserver nos adorations, à qui ? vous le savez bien, à Joseph , devenu de par sa volonté pontificale, protecteur universel de l'église catholique. Pour ma part, lui dis-je , j'en suis arrivé à ne plus rien espérer, car chaque fois qu'une intelligence s'ouvre à la vérité , elle recule effrayée de l'étroitesse de vos enseignements. Le conflit entre l'Eg ise catholique et la société moderne ne se terminera que par la ruine de l'une ou de l'autre. Vous sentez déjà que le terrain se dérobe sous vous, on se rit de vos excommunications et l'incrédulité et l'indifférence hénéficient de vos étroitesses et de vos superstitions. Le moine secouait la tête, c'est le résultat d'une éducation mal dirigée, me dit-il enfin , que Dieu vous fasse revenir aux vrais principes. Nous nous separâmes, et lentement je parcourus la vieille cathédrale, emportant le souvenir de cette discussion qui avait eu pour théâtre le chœur de cette église que le peuple appelle dans son langage, *il santo*, et qui sous le ciel

de l'Italie fait penser aux édifices religieux de l'Orient.

C est un hommage à rendre au catholicisme : seul, il a compris ce que devait être l'é-
difice consacré à Dieu, mais il faut le reconnaître en même temps, la grande architecture religieuse date de ce moyen âge
auquel dernièrement encore le P. Hyacinthe
rendait un si magnifique témoignage. C'é-
tait une époque de foi, les universités
fières et libres, conservaient précieusement
le dépôt de la science, et entre le catholicisme d'aujourd'hui et celui de ces époques
lointaines, il existe une différence, qui ferait des fidèles d'autrefois les hérétiques
d'aujourd'hui. Aussi est-il vrai de dire que
c'est de cette époque, la seule véritablement
grande de l'histoire du catholicisme, que
datent les seuls monuments célèbres de l'architecture religieuse. St-Pierre de Rome est
le dernier effort colossal de la papauté, qui
réussit encore, grâce à la grandeur du génie
de Raphaël et de Michel-Ange, à sauve-
garder l'élément religieux que dominait déjà
la reconnaissance païenne. Il suffit de se
rappeler la Sixtine, où il ne faut rien moins
que le nom de Michel-Ange, pour faire tolérer la présence dans la chapelle des papes,
des Sybilles de la Rome ancienne, à côté
des prophètes d'Israël.

Après Léon X et la Renaissance, le goût
se perd, on se désintéresse des édifices religieux; de nos jours, cela se bâtit par entreprise, il faut un square et une fontaine
dans l'alignement de l'édifice, pure affaire

d'édilité et tout est dit. Quant aux peintures, il vaut mieux n'en point parler, on dit que des maisons de gros font cela sur commande. Est-ce la faute de Voltaire ou de Rousseau ? je n'en peux rien dire, mais le grand art de construction se perd et l'architecture n'a plus de patience.

Nous ne sommes plus au temps où la ville de Florence par un vote unanime déclarait qu'on bâtirait une cathédrale digne de la gloire de la cité , et invitait chaque citoyen à contribuer pour sa part à la réalisation d'un semblable projet et appelait en même temps un Giotto à la direction des travaux. Il fallut un siècle pour que cet admirable monument du gothique italien fût dominé de sa gigantesque coupole; ceux qui avaient commencé l'œuvre depuis longtemps avaient disparu dans la tombe, mais que leur importait, ils travaillaient pour la postérité. De nos jours, on va plus vite, il faut décréter une construction d'église , et procéder promptement à l'adjudication des travaux. Aussi ne demandez aux architectes modernes que de la copie , laissez-vous le loisir de la composition ? On aurait en vérité mauvaise grâce à se plaindre. Pour ma part, j'admire l'habileté, mais je ne cherche plus la pensée, ce qui doit être grand se mûrit dans la solitude et s'élabore dans le silence. Le génie restera toujours une longue patience. Je ne connais à ce mauvais goût qu'une grande exception, Saint-Paul hors les murs, église d'une richesse inouïe, mais que l'art moderne ne peut revendiquer com-

me sienne, car elle n'est que la reproduction
de la basilique ancienne. Saint-Pierre de
Rome reste le triomphe de Léon X et de Ju-
les II, les indulgences payèrent cette gloire ,
mais il en coûta à la papauté la moitié de
l'Europe.

Cette fameuse querelle de moines qui faisait sourire le pape, fut provoquée par le
trafic des indulgences dont on battait mon-
naie et la réforme éclata. Saint-Pierre est
peut-être la plus belle chose de Rome, car
tout est d'une grandeur qui laisse dans l'âme
une impression de profond saisissement.
C'est une des créations les plus merveilleuses du génie, rien ne peut lui être comparé,
rien ne peut être mis en opposition avec ses
splendeurs; cependant si l'église était moins
grande, elle perdrait son caractère religieux pour ne plus devenir qu'une salle
d'une rare magnificence, mais grâce à cette
grandeur inouïe, elle conserve une majesté
qui frappe les imaginations et séduit les âmes.
Rien n'explique mieux certaines conversions
que la vue des splendeurs de Saint-Pierre.
Une foi langoureuse, attristée des sécheres-
ses protestantes, peut trouver comme une
réponse, dans ce glorieux édifice qui semble
proclamer la supériorité de la doctrine catholique et qui trahit bien plutôt l'ambition des
pontifes de Rome. Oui, Saint-Pierre est digne
de cette admiration que seule peut faire naître le génie, mais il me semble qu'on doit
conserver toute sa vénération pour nos vieil-
les églises gothiques , Notre-Dame, Saint-
Ouen, Strasbourg, Amiens. Ce sont celles-là

qui s'agenouillent dans leurs robes de pierre,
et chantent l'hymne des peuples prosternés.
La nef gothique soutenue par ces longues colonnes plus élancées, s'élève comme d'elle-
même vers le ciel. Combien ces grands arbres de pierre, avec leurs entrelacements
sans fin, rappellent tous les souvenirs du
passé Vaincus par les civilisations, nos ancêtres voulurent évoquer encore les sanctuai-
res de ces grandes forêts qu'ils vénéraient ;
alors, de leurs mains vaillantes, ils forcèrent
la pierre à prendre les formes gracieuses de
ces grands arbres qu'ils aimaient tant et trans-
portèrent ainsi jusque dans le sanctuaire les
formes et les beautés de la sauvage nature (1).

(1) Lorsque les premières églises furent élevées,
à la suite des grandes missions des Gaules et de
Germanie, le bois seul entra dans leur construction. L'ogive naquit de l'entrelacement des arbres destinés à supporter les voûtes — On se
contenta plus tard de copier avec la pierre les
édifices primitifs. C'est ainsi que naquit ce style
gothique qui occupe une place si glorieuse dans
l'histoire de l'art.

XV

Dans une précédente lettre, à propos de
découvertes récentes faites à Pompeï, j'es-
sayais de montrer comment l'antiquité avait
compris *la force*, en prouvant que d'après la
statuaire grecque et même romaine, elle ne
peut aspirer à la beauté que lorsqu'elle s'hu-
milie devant la pensée en devenant l'auxiliaire du droit. Un livre excellent que je dois
à son auteur, est venu quelques jours après,
me prouver que la science confirmait cette
manière de voir. L'*Hercule grec* de M. E.
des Essarts, est un de ces travaux de sage
et patiente érudition qui disent la valeur de
l'Ecole normale, et font honneur à la critique
française. Etudes des textes, examens ap-
profondis des diverses questions, enchaîne-
ment des pensées, telles sont les qualités
distinctives de ce remarquable travail. Il
était du reste difficile d'aborder un sujet avec
plus de conscience, et de montrer en le
traitant une aussi grande probité scientifi-
que. L'auteur a suivi pas à pas dans ses
développements ce mythe d'Hercule qui fut
pour les Grecs, la force physique dans un
lointain mystérieux, ensuite héroïque et
brutale, puis de plus en plus morale. Je ne
me hasarderai point à des critiques, mais

après avoir parcouru la savante étude de M.
E. des Essarts, on doit reconnaître avec lui et
c'est sa conclusion dernière, que le type
d Hercule, sort le plus brillant de ceux où le
génie des Hellènes ait jamais réflété sa conscience et déposé son idéal (1).

Je reviens à Pompeï, la ville étrange entre
toutes, dont le souvenir contraste d'une manière si singulière avec tout ce qu'on peut
voir. Il n'est point de leçons d'histoire dont
l'intérêt puisse dépasser une visite dans
l'antique ville romaine. Les portes de la
ville sont ouvertes, il semble que l'on va
rencontrer le centurion de garde, et le soldat qui veille aux abords de Pompeï. Avant
même l'entrée nous avons laissé à notre gauche, la grande hôtellerie des voyageurs,
c'était là, sous ses arcades que les gens de la
campagne laissaient leurs montures.

Non loin de là, nous avons salué la villa
du grand orateur. Cicéron avait réuni des trésors d'art, car s'il détestait les procédés de
Verres pour acquérir ces vases de Corinthe
que le tyran de la Sicile affectionnait, il par-
tageait ses goûts, sans se laisser aller à de
mauvaises actions pour les satisfaire. A côté
même de cette villa se trouvait celle d'un
opulent marchand, dont le nom était Diomède; il n'est pas de demeure qui puisse
rivaliser avec la sienne, parmi celles qui
subsistent encore. Seule elle possède des ca-

(1) L'Hercule grec, par M. E. des Essarts,
Paris 1871.

ves immenses où on a trouvé les amphores
remplies de ce vin précieux des coteaux du
Vésuve que les Romains apprécièrent, comme
nous l'apprécions encore. Cette demeure prin-
cière fut le témoin d'un drame navrant dont
le souvenir est encore vivant aujourd'hui.

A la première nouvelle du danger, les
membres de la famille de Diomède et leurs
serviteurs s'étaient réfugiés au nombre de
dix-huit dans les caves de la maison. Ils
espéraient pouvoir ainsi échapper à la mort
qui les menaçait, mais la cendre impalpable
pénétra par les moindres ouvertures et les
ensevelit peu à peu dans une affreuse ago-
nie. Aux parois de la muraille, on peut voir
encore les traces des bras et des mains de
ces infortunés, et, par un sentiment d'affection qui reste l'honneur de notre nature,
on se prend, après tant de siècles, à souffrir
encore des douleurs de ces infortunés.

Mais entrons dans la ville par la porte de
la *Marina*, toujours cette construction forte
et massive, propre au peuple romain. La
rue est pavée de larges pierres; des trottoirs
élevés bordent les côtés, de place en place,
nous trouvons les ornières des chars largement creusées dans la pierre. Toutes les
demeures sont ouvertes, et parfois on s'attend à voir apparaître sur le seuil un des
habitants, tant l'illusion est complète. De ces
demeures, seules les murailles subsistent
encore, car la rapacité des collectionneurs,
le manque de respect des visiteurs sont
cause de cette solitude absolue de Pompéi.
Au lieu d'envoyer par milliers ces objets

que chaque fouille amène avec elle au musée Bourbon, on aurait pu les conserver dans la ville elle-même, et illustrer d'une manière vivante ces demeures. Existerait-il une collection au monde, dont l'intérêt pût dépasser celui de cette ville devenue elle-même un incomparable musée ?

Il faut être savant et curieux très-patient des choses de l'antique, pour examiner en détail la collection du *Borbonico* provenant de Pompeï. Les objets de terre cuite, de fer, de bronze y sont par milliers, mais pour comprendre leur valeur il faut des études spéciales, alors que laissés dans leur milieu primitif, il peut sembler du moins, sans présomption qu'on eût facilement deviné leur destination.

Il est à regretter que l'on ne trouve pas même à Pompeï, une demeure entièrement conçue sur ce plan, je n'ose pas dire restaurée, mais possédant encore tous les meubles et objets dont elle était pourvue lors de l'éruption. Il est inutile de dire l'intérêt que présenterait une semblable maison, ce serait la vie romaine prise sur le vif, en même temps que la meilleure explication des coutumes et des usages des anciens Romains.

Il faut donc pénétrer dans ces demeures, et se borner à regretter l'absence de ces ravissants meubles de bronze, aux dessins si ingénieux, aux formes sveltes et élancées, qui seraient d'un si grand effet au milieu de ces salles, alors que derrière les vitrines des musées, ils sont à peine honorés d'un re-

zard. Les anciens comprenaient d'une manière aussi artistique qu'intelligente la construction de leurs maisons, et savaient réunir tous les éléments d'un confortable élé-
gant. Ils avaient après le vestibule une salle
appelée *atrium*, vaste carré dont les côtés
étaient formes par des colonnades. Cet
atrium était pavé en mosaïque, au centre
se trouvait surtout dans les riches villas,
un grand bassin en marbre blanc où tom-
bait sans cesse une eau limpide qui entrete-
nait la fraicheur dans les appartements dont
les portes s'ouvraient sous la colonnade qui
régnait autour de l'atrium. Plus loin, se
trouvait une chambre aussi spacieuse, qu'on
appelait Tablinum et qui servait de salle de
réception. Dans les grandes demeures, on
en trouvait une troisième qui offrait la même
disposition que les précédentes, et quelquefois un jardin, qu'on appelait du charmant
nom de *viridium* était placé à l'extrémité de
la maison.

Presque toutes les demeures de Pompei
sont construites sur ce plan, mais il faudrait
pouvoir détailler chaque maison, pour faire
comprendre combien les découvertes qu'on
y a faites ont jeté de lumière sur la vie in-
time des Romains. Aussi est-il nécessaire de
renvoyer aux ouvrages spéciaux ceux qui
sont curieux de ces détails, mais il est un
livre charmant qu'on peut recommander sur
cette question, livre qui intéresse et ins-
truit sans fatiguer. Je veux parler de l'ouvrage de M. Marc-Monnier le spirituel cor-
respondant des *Débats* dont le titre es

Pompeï et les Pompeïens. C'est l'histoire in-
time de Pompeï qui revit sous sa plume,
détails de la vie publique, inscriptions sin-
gulières, descriptions de monument, rien
n'échappe à ses savantes et amusantes in-
vestigations.

Au point de vue artistique, Pompeï est
remarquable à bien des titres. C'est, on le
sait, la mine la plus riche de fresques anciennes, c'est par centaines qu'il les faut
compter et plusieurs du premier mérite. Il
est intéressant de suivre ainsi, dans ses
divers développements, un art aussi ancien
que l'humanité, dont les secrets se perdent
et se retrouvent tour à tour. La peinture
à fresque était arrivée aux jours des empereurs à une exécution excellente ; viennent
les invasions, un procédé dur, mais non
encore sans grâce, prévaudra dans les peintures murales des catacombes, mais pour
devenir je ne sais quoi d'étrange et de barbare dans les fresques des basiliques. L'art
latin disparaît pour faire place aux usages de
Bysance pendant de longs siècles ; le moyen
âge survient, la fresque recouvre son ancienne liberté et peu à peu, elle oublie la tradition bysantine ; Orcagna et les maîtres de
Pise, illustrent le Campo-Santo. L'idée a
grandi encore, Fra Bartalomeo fait pressentir
Michel-Ange, et Fra Angelico fait deviner
Raphaël. L'art arrive à sa dernière période
de grandeur, le Zanzio illustre la Farnesina
et nous donne le triomphe de Galathée ;
Michel-Ange devient le peintre merveilleux
et incomparable de la Sixtine.

On remonte ainsi à l'origine de la vraie
peinture, la plus majestueuse de celles qui
existent. Assurément, on pourrait donner
quelques détails sur la manière de faire des
anciens, car au musée Bourbon à Naples,
dans la salle des Fresques, on voit encore
les palettes comme les couleurs qu'em-
ployaient les peintres de Pompeï. Ce qu'on
ne saurait leur refuser, c'est une sûreté de
dessin, une grâce dans la ligne, que beaucoup de nos artistes modernes pourraient en-
vier. Il faut avoir vu les danseuses de la villa
de Cicéron, si mes souvenirs sont fidèles,
pour comprendre à quel degré de perfection
étaient arrivés les décorateurs pompéïens.
C'est une idée très accréditée que les anciens
ne connaissaient pas la perspective, et cette
idée est vraie dans une certaine mesure,
mais il ne faut rien moins que l'exagérer. Les
paysages des artistes romains rappellent
toute l'œuvre du moyen âge, absence de perspective et manque de dégradations dans les
tons ; mais pour ce qui est de la peinture
de portrait, les pompeiens sont plus habiles
que les artistes qui illustrèrent les missels
du moyen âge. Le nu est traité avec une
hardiesse et une science inconnues à l'art
postérieur, et quant à l'ornement architectu-
ral, dit style pompéien, il faut examiner les
décorations des loges du Vatican pour
établir des comparaisons ou tenter de
faire des rapprochements. Quant au coloris, il est puissant, surtout si on veut
songer que ces peintures ont des siècles
d'existence, et que beaucoup d'entre elles

par surcroît sont exposées aux vents et à la pluie.

Il faudrait pouvoir décrire ces têtes, charmantes de coloris et de dessin, qui se détachent encore si nettes et si vigoureuses sur des panneaux aux fonds sombres, faits de ce stuc admirable dont les Romains ont emporté avec eux le secret. Sous ce ciel si pur de la Grande Grèce, on naissait et on vivait aimant les belles choses, l'art était sacré, et les peuples s'honoraient des talents et du génie de leurs artistes. Il n'était point de demeure si pauvre qu'elle fût, où un peintre n'essayât ses pinceaux, et ne voulût retracer quelques scènes au culte de cette heureuse nation.

Les anciens prodiguaient les statues de leurs dieux, et élevaient des temples à leurs grands hommes, c'est ainsi que le culte du beau, trouvait sans cesse des disciples. Un soir, assis sur une éminence qui domine Pompéi, je regardais le soleil baisser à l'horizon, et éclairer de ses derniers rayons les gracieuses vallées de la Campanie, pendant que le golfe de Naples s'illuminait de cette clarté radieuse qui précède la nuit. Le Vésuve laissait monter vers le ciel sa majestueuse colonne de fumée ; rien alors ne faisait présager les terribles malheurs qui suivirent. Je regardai longtemps cette étrange cité dont je foulais sous mes pieds les débris; absorbé dans une muette contemplation, les souvenirs des études revenaient en foule à mon esprit, tous les grands noms de Rome me devenaient plus familiers, une réalité curieuse et d'un intérêt puissant, dominait sur toutes choses mes sentiments.

Ces dix-huit siècles de luttes, de combats, de haines, de vengeances, disparaissaient, et je n'étais plus qu'à la veille de la terrible catastrophe, rien n'était changé. La cité romaine dormait tranquille, les habitants étaient rentrés en leurs demeures. Sous cette influence, la ville réparait d'elle-même ses ruines, pour obéir aux caprices de mon imagination, et moi, pauvre barbare, arrivé des forêts des Gaules, j'admirais en silence, la grandeur et la majesté du peuple romain. Qui donc de ceux qui visitèrent l'Italie en l'aimant, n'éveillèrent point ainsi le charme de ces souvenirs d'un passé qui semble ne point nous appartenir, mais qui devant ces ruines devient si vivant qu'on pourrait croire l'avoir vécu. N'est-ce pas la vraie patrie de l'histoire? la terre sacrée de la poésie et de l'art?

XVI

De l'avenir de la Rome moderne. — Les catacombes. — Impression générale. — Du principe d'accomodation en matière religieuse. — Les fresques des catacombes.

Ce sera la superbe destinée de Rome de survivre aux révolutions, aux invasions, de se relever plus fière après l'épreuve, de mériter enfin ce titre de *Ville éternelle*, que dans sa juste admiration lui décernait Montesquieu

aux premières pages de ce livre qu'il consa-
crait à ses gloires et à ses infortunes. Cela
est vrai, car de notre temps, on peut pressentir pour la capitale de l'Italie un avenir
qui ne sera point indigne de son passé.
L'ambition des Italiens, est que la Rome moderne reprenne au premier rang, une position que doivent lui assurer les grandeurs
des temps anciens comme le réveil de l'Italie. Il n'est point de sacrifices qu'on ne fasse
pour la ville sacrée, afin de lui assurer une
prééminence qui rappelle ce grand nom de
Rome, qui faisait trembler le monde. S'il ne
tenait qu'aux Italiens, elle serait la ville par
excellence, l'*Urbs* comme on disait aux jours
de la République. Je n'ai pas vu Rome aux
temps heureux où le pape était le pontife-
roi ; on m'a dit et il est facile de le croire,
que la couleur locale avait disparu ; cela
peut bien être, mais enfin la liberté a remplacé les carosses dorés des cardinaux, et
c'est tout profit ; il est vrai que les moines
sont moins nombreux, mais on peut penser,
et qui plus est, dire ce qu'on pense ; ceci est
encore un avantage. On est aussi libre à Rome
qu'à Genève et assurément beaucoup plus
qu'à Paris, de telle sorte que sans aucun regret j'accepte la Rome italienne, en remplace-
ment de celle qui fut, non sans honneur, la
Rome des papes. Cette préoccupation de rendre la capitale de l'Italie digne d'une si belle
position est à l'ordre du jour. De grandes
compagnies se forment pour construire de
nouveaux quartiers en rapport avec les be-
soins d'une population qui augmente sans

cesse ; il est impossible de nier la résurrection de l'esprit d'initiative en un pays d'où
l'avait banni une domination qui aurait dû
être la meilleure de toutes, et qui n'avait pas
même réussi à être la moins mauvaise.

Autrefois on ne pouvait procéder que
par permissions, et on s'en aperçoit
encore partout où le pape a conservé son
pouvoir.

Ainsi, il y a à peine quelques semaines,
j'étais avec un de mes amis au musée de
Saint-Jean-de-Latran ; celui qui m'accompa-
gnait désirait copier une inscription chrétienne, immédiatement le gardien est venu
le lui défendre. Inutile de dire que Saint-
Jean-de-Latran est encore en possession du
pape, de là ces restrictions et ces défenses. —
Je sais un savant qui depuis plus de huit
ans, s'occupe d'inscriptions chrétiennes des
premiers siècles, et qui n'a jamais pu avouer
le but de ses recherches aux directeurs des
musées pontificaux ; il aurait été infaillible-
ment prié de ne plus se représenter. Mieux
encore : un professeur très-catholique, ap-
puyé par un cardinal français, n'a jamais
pu avoir communication de documents qu'il
désirait, à la bibliothèque du Vatican. Tout
ceci n'est heureusement que transitoire, et
un jour ou l'autre, ces richesses seront ré-
vélées. On entend souvent exprimer la
crainte que des documents précieux aient
été anéantis ; il n'en faut rien croire, me disait un homme qui avait eu le rare privilége
de consulter librement les trésors du Vatican, la cour pontificale n'y a jamais songé.

tant elle est persuadée qu'elle survivra à
à toutes les révolutions.

Mais pour tout ce qui regarde les édifices
devenus la propriété de la ville, la liberté
est complète ; aussi pour aller aux catacombes et pour les visiter dans leurs moindres
détails n'avons-nous eu qu'à prévenir un
gardien.

Autant Pompeï est intéressant pour tout
ce qui touche à l'histoire païenne, autant les
catacombes, St-Clément, le musée de Saint-
Jean-de-Latran, sont précieux pour ce qui
a rapport aux antiquités chrétiennes. Il est
facile de comprendre l'émotion qu'on peut
éprouver à la vue de ces monuments des
premiers âges du christianisme , car malgré les préventions de secte, les différences
de conceptions de la vérité religieuse , nous
devons reconnaître que nous sommes les
héritiers de cette grande révolution dont
ces églises, ces pierres, ces souterrains, rappellent la primitive origine. C'est dans les
Catacombes que nous devons aller chercher,
qui que nous soyons, nos ancêtres, car notre
monde moderne procède des martyrs qui y
trouvèrent un dernier repos. J'ai pu les visiter avec un des hommes de Rome qui les
connaissent le mieux, et dont le nom a déjà
été cité dans ces pages, M. Roller, qui a la
passion de ces nobles et sérieuses études.
Un de mes amis, élève de notre école des
Chartes, était venu avec nous, et dans
cette savante compagnie, le mieux était d'é-
couter pour retenir le plus possible, afin de
transcrire, comme je vais essayer de le faire.

des indications qui ne seront peut-être pas sans intérêts pour plusieurs.

Catacombe est un nom moderne, qui désigne ces cimetières appelés par les premiers chrétiens *cœmeteria*, c'est-à-dire, lieux de repos ou de sommeil. Les catacombes romaines sont très-nombreuses et s'étendent, d'après des évaluations que j'ai lieu de croire exactes, sur une longueur de plus de 600 kilomètres, renfermant plus de 6 millions de sépultures. Toutes les catacombes sont situées en dehors de la ville, et celles connues se trouvent entre la première et la troisième pierre milliaire, au delà de l'enceinte Aurélienne. La raison de ce fait doit être attribuée à l'existence d'une loi qui n'autorisait point les sépultures dans l'intérieur de la cité, mesure aussi sage que prudente que nos villes modernes ont tardé longtemps à mettre en pratique.

Nous devions visiter les catacombes qui se trouvent en dehors de la porte Pia et sur la gauche de la voie Nomentana, près de l'église Sainte-Agnès et qui portent son nom. Le custode nous rejoignit à l'entrée, et, munis de lumières, nous descendîmes un long escalier; peu après, nous entrions dans les catacombes.

Ces cimetières souterrains se composent de longues et étroites galeries; la largeur est d'environ un mètre, même parfois plus étroite, sur une hauteur qui dépasse rarement plus de deux mètres. Ces galeries sont creusées presque toutes dans le tuf granulaire dont sont formées les collines de Rome.

Le long des parois de droite et de gauche
en s'étageant, sont pratiquées les cavités où
on déposait les morts. Après l'enterrement
on fermait l'ouverture soit avec des plaques
de marbre, soit avec des plaques de terre
cuite sur lesquelles se trouvent des inscriptions dont il est facile de comprendre l'intérêt. Le père Hyacinthe disait dernièrement
qu'il ne descendait jamais dans les catacombes, sans éprouver une impression de respect, par ce contact mystérieux avec un
passé si pur et si grand. Cela est vrai, car
c'est l'église primitive qui apparaît dans sa
simplicité, contraste d'autant plus étrange
qu'à quelques pas Saint-Pierre étale à tous
les yeux une magnificence telle que l'admiration remplace forcément la vénération.

Que les inscriptions funéraires des catacombes sont simples ! combien peu elles nous
font souvenir de ce langage de nos cimetières modernes, orgueilleux jusque dans la
mort. Il suffit de quelques mots rappelant
le nom et la profession du défunt, parfois
aussi la colombe avec la branche d'olivier,
auxquels s'ajoute souvent le monogram-
me du Christ ou le poisson; souvent aussi ces
simples paroles : *quiescit in pace* et jamais
quiescat in pace, il repose en paix et non
qu'il repose en paix, comme on dit maintenant. Autrefois c'était une assurance, aujourd'hui une espérance, différence trop
grande pour qu'il soit nécessaire de la signaler. Je ne saurais dire l'étrange impression que laissent ces longues et étroites galeries, asile de tant de morts inconnus,

dont les débris sont encore là, débris qui
tombent en poussière au simple toucher.
Pendant des siècles, les chrétiens appor-
tèrent dans ces solitudes les restes des leurs,
et c'est là que reposent ces martyrs dont
le sang, pour rappeler la grande parole
de Tertullien, fut la semence de l'Eglise.

Ce sont moins les inscriptions que les
décorations tombales qui présentent le plus
d'intérêt pour l'histoire des premières origi-
nes du christianisme, car elles montrent d'une
manière vivante comment s'est formée au
sein de l'Eglise la tradition, comment ont pu
s'accréditer certaines idées erronées. Les familles riches ne se contentant pas de la simple sépulture du grand nombre, se réser-
vaient des caveaux creusés latéralement aux
galeries ; c'est dans ces excavations qu'on a
retrouvé le plus grand nombre des peintures.

Au point de vue artistique, ces fresques
ne sont pas sans valeur, bien que l'exécution soit souvent grossière. C'est encore l'art
latin dans une période de supériorité, mais
il est facile de prévoir que la décadence est
prochaine. Les traditions payennes sont encore vivantes dans cette peinture, car il ne
faut point oublier que le principe d'accomodation prévalut pendant des siècles, avant
que l'esprit chrétien l'emportât d'une manière
définitive, et on peut appliquer à l'Eglise la
célèbre parole qui n'avait trait qu'à la Rome
des empereurs. « Le monde vaincu s'est
vengé en lui donnant ses vices.» Nous avons
beaucoup emprunté aux païens, et à l'heure

présente , il est facile de s'en apercevoir encore. C'est ainsi, que dans les bas-reliefs des
célèbres tombeaux en granit de Constance,
fille de Constantin et de Sainte Hélène ,
placés aujourd'hui à l'entrée des grandes
galeries du Vatican, on peut voir la parabole
des vendanges, représentée sous une forme
qui rappelle les frises païennes, car les an-
ges qui cueillent les raisins sont simplement
des Amours.

De tels exemples pourraient être multi-
pliés, et montreraient combien les révolutions
dans tous les domaines ont tort de vouloir
être radicales, combien peu une ambition
semblable se réalise, quelque louable que
puisse paraître le but poursuivi. Il serait
plus facile de refaire les Pyramides que
d'arriver à faire disparaître en peu d'années
le moindre défaut national. Tout ce qui tient
à la transformation d'une race demande de
nombreuses années, et ceux-là seuls assure-
ront le triomphe de leurs idées, qui auront
le courage des longues patiences. Souvenons-
nous qu'il a fallu au christianisme plus de
quatre siècles avant d'arriver au pouvoir,
et cependant, à un moment donné , il eut
pour lui la puissance politique. Que prétendent donc ces réformateurs violents qui
veulent ordonner, décréter en un jour, une
réorganisation générale de notre monde. Rien
de durable, de sérieux, ne s'établit sans cette
dure condition des sacrifices, non seulement à faire, mais à renouveler sans cesse.
Nul ne peut briser en un jour cette chaine
qui nous relie à un passé dont nous sommes

les héritiers, passé que nous pouvons répudier, mais dont nous ne pouvons méconnaître l'influence.

Tout ceci à propos des Catacombes ; mais à Rome plus que partout ailleurs, ces enseignements se présentent avec une force invincible, et il est bien difficile de résister au désir d'en reproduire l'impression.

M. Roller, au musée de Saint-Jean-de-Latran, nous faisait remarquer, parmi les copies des fresques des Catacombes le bon berger avec la brebis sur l'épaule ; ce n'est pas le Christ que nous connaissons, c'est un jeune romain imberbe, avec la toge prétexte, rien qui rappelle le type oriental. Ceci s'explique par le mépris qu'éprouvait la société romaine pour tout ce qui tenait au peuple juif, et il répugnait aux chrétiens de Rome, de représenter le fondateur de leur religion, avec le type d'une race, objet des injustes dédains de leurs concitoyens. Il faudra des siècles avant que la figure du Christ prenne le caractère iératique qui la distingue encore aujourd'hui. Inutile de dire qu'il n'est aucunement trace d'auréole sur la tête des martyrs, et que cette addition ne sera que postérieure. Rien n'est plus simple que le costume des personnages figurés dans les fresques tombales, rien ne peut donner l'idée de costumes spéciaux. Les sujets représentés rappellent presque tous l'idée de la résurrection : c'est le Christ sortant du tombeau, Jonas rejeté par la baleine sur le rivage.

M. Roller, nous faisait devant ces fres-

ques une vraie leçon d'archéologie , nous
montrant avec une lumineuse clarté les
idées religieuses des premiers chrétiens. C'est
une vraie bonne fortune de penser que le résultat de ces longs et patients travaux sera
prochainement publié, avec des plans, des
inscriptions, des reproductions de fresques,
et qu'il sera donné ainsi à chacun de pouvoir se faire une idée juste et précise des catacombes. Le savant ouvrage de M. de Rossi,
la Rome souterraine, n'est malheureusement
pas à la portée de tous, et M. Roller aura
rendu un vrai service à la science, en expli-
quant et en commentant les découvertes du
célèbre explorateur des catacombes.

C'est à M. de Rossi en effet que nous devons la découverte des catacombes de Saint-
Calixte, où on retrouva les tombes de plusieurs papes. Il n'est pas d'hommes qui
aient plus contribué à faire connaître et ap-
précier la Rome souterraine ; on peut discuter ses appréciations, mais il faut savoir reconnaître une science archéologique de la
plus grande valeur.

Les heures passaient vite, et notre savant
guide ne se lassait point, nous faisant tout
admirer et tout comprendre, et lorsqu'il fallut remonter à la surface, je me rappelai
une parole du père Hyacinthe, à propos de
la Réforme catholique « Retournons aux Catacombes ». Jamais pensée ne fut plus profonde, elle est la solution de ce problème
douloureux qui divise l'Eglise et la société
moderne. Aux catacombes, nous ne retrou-
verons que le culte en esprit et en vérité, et

non le matérialisme religieux des Jésuites ;
aussi, à tous ceux qui ont encore une
croyance religieuse, et qui veulent la garder,
je répète la belle parole de l'éloquent prédi-
cateur : Retournons aux Catacombes.

XVII

Voyage du prince Humbert à Berlin. — Ce qui a
rapproché l'Italie de la Prusse. — Nos fautes. —
Conclusion.

L'accueil fait par la cour de Prusse au
prince Humbert et à la princesse Margue-
rite a été splendide ; le nouvel empire
comme le nouveau royaume viennent de
poser les bases d'une alliance qui, d'offi-
cieuse qu'elle est en apparence, pourrait
bien devenir officielle : tels sont les dires de
chacun. Il n'est pas question de savoir ce
qu'il en est de cette alliance ; les hommes
qui dirigent les affaires extérieures en Italie
comme en Allemagne, ne laissant connaître
que ce qui leur semble bon. Pour ma part,
je tiens ce traité pour fait et il n'y a guère
lieu de s'en étonner, les circonstances politiques de ces derniers temps l'ont amené et
l'ont même provoqué. Certains hommes
de notre droite française, M. Dupanloup
entre autres, peuvent revendiquer la triste
gloire d'avoir, par leurs imprudences de langage, rendu l'opinion publique en Italie
favorable à la Prusse. Le ton d'une certaine
partie de la presse française a favorisé en-

core mieux les vues de M. de Bismark , et
peu à peu, sans efforts, les esprits se sont
désintéressés de la France, malgré des
sympathies sérieuses. Aujourd'hui, nous
nous trouvons isolés et mécontents , accu-
sant, et à tort, l'Italie d'ingratitude, car nous
n'avons pas su lui rendre la reconnaissance
possible.

Je viens de nommer Monseigneur Dupanloup, et de le désigner comme un des hommes les plus dangereux de notre chambre;
rien n'est plus vrai. A la tribune, il se croit
dans la chaire, l'invective est familière à son
talent, ses impudences oratoires sont fré-
quentes, il ne discute pas , il affirme , il
tranche : on peut croire être infaillible au
Vatican, mais à Versailles la position est
autre. Certes, ce ne sont point les intentions
de l'éminent prélat qu'il faut suspecter ,
mais une pensée ecclésiastique peut n'être
point politique, et une phrase oratoire ne
pas répondre à la réalité. Je ne suis pas
le seul à penser que, lors de la discussion
militaire, ces derniers temps, l'évêque d'Orléans avait une belle occasion de s'instruire,
et non point de vouloir enseigner; qu'a-t-il
dit ? des paroles de suprême dédain à l'é-
gard de la Prusse qui nous a vaincus, un
peuple en caserne disait-il! , comme si à
l'heure présente il était besoin de venir
flatter un peuple comme le nôtre; heureusement que quelques jours plus tard, M.
Thiers est venu rendre un témoignage écla-
tant à la supériorité de la Prusse , car il
faut bien qu'on en passe par là et, en cons-

cience, si nous avons été vaincus, c'était, il faut l'avouer, par les seuls qui fussent de taille à nous vaincre.

On ne connaissait point ce qui se passait à l'étranger, sous le dernier régime ; on est encore ignorant, sous le gouvernement actuel, défaut qui se corrigera avec les années, mais non sans difficultés. C'est en France pourtant qu'il faut chercher la véritable cause de l'alliance entre l'Italie et la Prusse, car c'est notre politique d'hésitations et de regrets qui a rapproché les deux peuples. La question romaine, résolue pour tous les autres pays, ne l'est point encore pour nous. Elle occupe dans les idées de nos gouvernants, une place qu'elle ne devrait point avoir, et demeure ainsi une source de mécomptes, comme une cause de sérieux dangers. Grâce à une ignorance sagement entretenue par le parti clérical, nous considérons le maintien du pouvoir temporel comme une question d'honneur et de dignité, et sans nous en douter, nous ne faisons que le jeu du clergé. Certes, chez quelques-uns, un sentiment religieux vraiment respectable domine toute autre idée, mais pour le grand nombre, c'est une affaire *d'être ou de n'être pas;* de là cet acharnement, cette passion dont nous sommes les témoins, car beaucoup des hommes qui ont pris fait et cause pour le pouvoir temporel, obéissent surtout à des préjugés de race, de conditions, et le mobile religieux n'est pour eux que l'accident. Une école politique en France s'attache avec désespoir à ces débris d'un passé

qui s'effondre chaque jour. Ennemie jurée
de la révolution, elle ne peut supporter ses
triomphes ; les principes du droit moderne
allant à l'encontre de ses prétentions, elle
défend l'église immuable dans sa constitution, espérant que son triomphe provoquera
celui de la royauté, même celui de l'empire.
Nous sommes en effet les témoins du spectacle
douloureux de l'alliance inouïe de l'Eglise,
de la légitimité et de l'empire, pour sauver
soi-disant la société, en réalité pour re-
conquérir le pouvoir, quitte à se disputer
entre eux plus tard les débris de cette triste
conquête.

Ne croyons pas les étrangers en dehors
de nos questions politiques, ils en suivent
les débats avec intérêt, mais prévoyant ce
que pourrait être une France monarchique
ou impériale dans ses relations extérieures,
ils avisent. L'Italie, plus que tous les autres
pays, doit prendre ses précautions et elle
les prend. Avec une chambre comme celle
que nous avons, l'alliance italo-prussienne
devait se conclure, et si l'intérêt est la mesure des actions, nous devons trouver la
chose naturelle.

Le véritable ennemi du gouvernement
italien est l'ultramontanisme qui, nous ne le
savons que trop, compte en France ses représentants les plus sérieux et les plus auto-
risés. Se livrer à la merci de ses adversaires n'est point dans l'humeur des politiques,
et lorsqu'on s'étonne de la froideur de l'Italie à l'égard de notre pays, il est permis de
se demander comment il pourrait en être

autrement. Les circonstances ont forcé M.
Thiers à ne plus regretter autant l'unité de
l'Italie, mais à côté de ses admirables qualités, il professe un culte secret pour le passé,
qui a peut-être été cause de certains retards
dans l'envoi de M. Fournier à Rome, retard
que quelques-uns ont qualifié de faute politique. Cela a pu être, et il ne serait pas éton-
nant que les Italiens en conservent quelque
défiance à l'égard de sa politique; ainsi s'ex-
pliqueraient déjà cette réserve et cette froideur du gouvernement de Victor-Emmanuel.
Mais où cet éloignement trouve une explication plus satisfaisante encore, c'est dans
l'examen de la ligne de conduite du parti
clérical en France. Le cabinet italien ne pouvait rester indifférent aux menées des évêques, à l'agitation faite en faveur du Saint-
Père. Dans un pays, comme le nôtre, où
les bouleversements politiques savent s'ap-
puyer sur l'Eglise, le cabinet italien pouvait
supposer qu'un parti serait capable d'obtenir l'aide du clergé en promettant, en cas de
succès une seconde expédition de Rome. Du
reste, la proclamation du comte de Chambord
était nette sur ce point, et on sait les prières
de l'Eglise pour le champion du droit divin.
Quant à l'empire, il est inutile de dire qu'on
le croit capable de toutes les entreprises ins-
pirées par l'intérêt. Dans de semblables circonstances, voyant, que même en temps de
république, l'unité de l'Italie était l'objet
de sérieuses attaques, la conduite du gouvernement italien était indiquée d'avance: s'u-
nir avec le gouvernement qui avait les mê-

mes dangers à redouter, et l'alliance avec la
Prusse a été conclue. Je ne sache pas d'é-
chec plus grave pour notre politique extérieure depuis la dernière guerre, et rien ne
peut nous être plus nuisible que cet isolement dans lequel nous jettent les folies des
ultramontains.

Il ne faut point se lasser de le répéter, la question romaine doit disparaître
du programme de la politique extérieure,
elle n'est plus qu'une affaire italienne, et
nul n'a le droit en Europe d'intervenir dans
les questions intérieures d'une nation. Ce
sont des phrases sans valeur, *verba et voces*
des mots et encore des mots, que les jéré-
miades des cléricaux à cet endroit, Rome
n'appartient pas au monde, Rome est à l'Italie, et seule elle a le pouvoir de diriger ses
destinées. Il se peut que des hommes, élevés dans les idées du passé, regrettent l'ancien état de choses, mais la jeune génération est italienne, et dans ce monde, si on
peut encore respecter les débris du passé,
ou ne compte plus du moins avec eux.

Chaque jour qui se passe est un jour de
gagné pour l'Italie, car il voit disparaître un
ennemi de l'unité, et voit se produire un
défenseur de la patrie. Hier c'était le général La Marmora qui allait à Rome ; il avait
hésité longtemps, mais il a voulu consacrer
aussi par sa présence, le grand fait de l'u-
nité italienne. Ce serait donc vouloir tenter
une lutte sans grandeur, où la catastrophe
s'annoncerait certaine, que de s'armer pour
le maintien du pouvoir temporel ; mais c'é-

lait ce qu'il fallait savoir, il y a un an, et
sans crainte du parti légitimiste et clérical, dire à la Chambre. L'Italie était le seul
pays qui pût être pour nous un sérieux et
fidèle allié ; des sympathies profondes nées
pendant les luttes de l'indépendance, favo-
risaient le rapprochement entre les deux
peuples, qu'unissaient déjà des conditions
semblables de race et de caractère. On aurait pu espérer un relèvement prompt et
rapide des deux pays fidèlement alliés ; au
lieu de cet avenir si brillant qui se prépa-
rait pour ainsi dire de lui-même, nous
voyons l'Italie s'unir étroitement avec la
Prusse notre plus dangereuse ennemie,
l'isolément se fait autour de nous, et nous
en sommes réduits à regretter douloureuse-
ment le passé. Quand donc verrons-nous les
cléricaux mettre fin à leurs intrigues et désirer plutôt la grandeur de la France, que le
maintien de la royauté du pape ? Ces hommes sont les plus dangereux ennemis de la
société ; attachés à défendre des doctrines et
des idées qui ont contre elles le droit moderne, ils ne reculent devant aucun expé-
dient pour espérer un triomphe. Puissent
venir les jours, où l'idée vraiment sérieuse
de la séparation de l'Eglise et l'Etat sera une
réalité, car à dater de ce jour, Rome ne
sera plus cette ville qui agite le monde,
mais la capitale libre et heureuse d'un grand
pays. Nous comprendrons peut-être alors,
que notre intérêt nous pousse vers l'Italie,
et que notre devoir est d'unir sérieusement
nos destinées aux siennes, pour conserver en

Europe, une influence que les cléricaux nous font perdre chaque jour.

C'est sous cette impression, que je vous adresse ma dernière lettre. Plus que jamais, il est nécessaire de faire connaître en France, aussi bien par ceux qui ont pour eux le talent et la notoriété, que par ceux qui sont moins connus, ce qui se passe à l'étranger. Au sortir d'une époque où le mensonge officiel a été de tous les jours, le devoir de chaque citoyen est de se consacrer à faire connaître la vérité, *vitam impendere vero*. Les préjugés sont nombreux, sagement entretenus par ceux qui ont un trop grand intérêt à les conserver pour ne pas voir de mauvais œil tout ce qui en révélerait les dangers.

Aussi, cléricaux et légitimistes n'osent-ils jamais aborder une question semblable à celle du pouvoir temporel, sans s'être au préalable, donné la peine d'anathématiser leurs adversaires; après quoi, les ayant désignés à la haine pieuse des leurs, ils les confondent avec des raisonnements que la religion ne sanctifie pas, et que certainement la raison n'éclaire pas. A l'heure présente, un seul peuple est capable de courir les aventures d'une politique religieuse ; ce peuple est le nôtre, et c'est aussi ce que l'on sait fort bien à Rome ; et si le Vatican peut se mettre du côté de la France, le Quirinal se tourne vers la Prusse.

Le grand malheur de notre nation, c'est d'être la fille aînée de l'Eglise et de se croire obligée de soutenir sa cause, même par les

armes. Car, si on veut suivre l'histoire de ces
dernières années, il n'est pas de nom qui
occupe une place plus douloureuse dans nos
annales que celui de Rome. Qui donc se fera
une gloire du siége de 1849, et qui comptera
comme un trophée la victoire de Mentana?
Dans ces derniers temps, nous savons ce
que nous vaut l'interpellation des évèques
sur les affaires temporelles du Saint-Siége.
Pourquoi ne point laisser parmi les morts
ceux qui n'ont plus raison d'être. Le pouvoir
temporel est une religion qui n'appartient
qu'aux historiens ; à eux d'en énumérer les
beautés ou d'en critiquer les défauts. Pour
nous, nous estimons que le plus sage est d'espérer beaucoup de l'avenir, mais ne nous éton-
nons pas de subir encore les contre-coups de
sa chûte : un système qui a duré des siècles
ne s'effondre pas sans laisser après lui quelques troubles.

Mais il ne se relèvera pas, et sans être
prophète à la manière menaçante des cléricaux, il est permis de prévoir le temps où
les cardinaux de la sainte Eglise Romaine ne
dédaigneront pas plus un fauteuil de séna-
teur du royaume que ne le faisaient nos
conducteurs spirituels sous le règne de Napoléon III. D'aventure, un clérical dira, à
l'exemple de M. Rouher : *jamais*; nous avons
assez vécu pour savoir ce que vaut cette affir-
mation, et nous nous en tenons aux paroles
du romain qui nous disait : « Attendons quelques années, voyons à l'œuvre un nouveau
Pape, et bien des choses s'arrangeront. Ne
croyez pas nos cardinaux romains comme

les vôtres *loquaces et pugnaces,* batailleurs et orateurs, comme le sont tous les français du reste ; si vous comptez sur leur zèle apostolique pour sauver l'Eglise, l'erreur est grande, pas un ne quittera Rome, ou s'il la quittait, ce serait pour revenir immédiatement.

» La captivité de Babylone était possible autrefois, aujourd'hui, ce n'est pas faisable de. Votre clergé français ne voit de Rome que ce qu'il faut voir, et s'édifie avec les *Parfums* du père Veuillot. Cela lui suffit et il part pour la bataille, car c'est bien le clergé le plus brave et le plus discipliné de ceux que les jésuites commandent et dirigent. La campagne est mauvaise, les soldats sont braves, mais tenez pour certain que les chefs capituleront. Nous verrons les équipages des cardinaux et ceux de la cour, aller ensemble au Pincio et à la villa Borghèse. »

C'était l'opinion d'un romain, qui croyait savoir un peu mieux les choses de l'Italie que beaucoup d'autres.

C'est cependant avec confiance que je regarde à l'avenir, persuadé que ceux qui vont à l'encontre des libertés modernes doivent finir par tomber, mais puissent-ils ne point nous entraîner dans leur chûte. C'est un combat à livrer sans trêve, sans relâche, car la dernière citadelle de l'ultramontanisme est notre pays, et il faut qu'il nous livre la place ; à dater de ce moment datera la régénération de la patrie. Puisse ce jour arriver bientôt !

C'est donc la dernière lettre que je vous adresse et cependant que de choses oubliées,

que de notes de voyage laissées de côté,
mais l'Italie est un de ces pays qu'il faut re-
voir, et sur lequel on peut toujours écrire.
Si jamais vous recevez de nouvelles lettres,
j'aime à espérer, qu'elles seront écrites en
des jours meilleurs, et qu'en ce temps-
là, l'Italie sera la meilleure amie de la
France.

FIN

TABLE DES MATIÈRES

ERRATA

Des fautes se sont glissées dans la très-rapide impression de ces quelques pages; il appartiendra à ceux qui les relèveront de les réparer en les oubliant.

Nimes. — Typ. Clavel-Ballivet et C:o.

www.ingramcontent.com/pod-product-compliance
Lightning Source LLC
Chambersburg PA
CBHW050017100426
42739CB00011B/2686